draußen GENIESSEN

ROSE MARIE DONHAUSER

SOMMERFESTE, GRILLEN & PICKNICK

draußen GENIESSEN

ROSE MARIE DONHAUSER

SOMMERFESTE, GRILLEN & PICKNICK

Fotos von Alexander Walter

KOSMOS

DRAUSSEN GENIESSEN

UND HIER SEHEN SIE ES GANZ GENAU

DAS IST
wirklich
WICHTIG

DARAUF KOMMT'S AN! Hier erläutern wir alles, was zum Gelingen eines Rezepts wirklich wichtig ist. Wenn es sinnvoll ist, mit Bild, sonst auch mal ohne.

SOMMERKÜCHE
kochen, schlemmen, feiern

PFLÜCKFRISCHE SALATE UND KRÄUTER, KNACKIGES GEMÜSE, SAFTIGE, SONNENGEREIFTE FRÜCHTE, AUS DEM EIGENEN GARTEN ODER FRISCH VOM MARKT, UND DAS ALLES MIT EINER GEWISSEN LEICHTIGKEIT ZUBEREITET: SO SCHMECKT DER SOMMER!

Wohlige Wärme und Sonnenschein, laue Sommerabende, da will man jede Minute nutzen, um draußen zu sein, mit Familie und Freunden ein Glas zu trinken und feine Köstlichkeiten zu genießen. Und vor der Naturkulisse macht es besonderes Vergnügen, wenn dabei die besten regionalen Zutaten der Saison die Hauptdarsteller spielen.

Ob für ein Abendessen zu zweit auf dem Balkon, ein Picknick, einen Brunch oder eine Party mit Familie und Freunden im Garten: Das Buch macht Appetit aufs Nachkochen und bietet für alle Anlässe die geeigneten kulinarischen Begleiter. Vielfältig und bunt wie die Jahreszeit, so sind auch die Rezepte: feine Vorspeisen, Kleinigkeiten zum Snacken und Dippen, schnelle Küche und auch etwas Aufwendigeres für besondere Gelegenheiten, fruchtige Kuchen und Desserts. Meist leicht zubereitet, damit bei den sommerlichen Temperaturen nichts schwer im Magen liegt, mal würzig mariniert und gegrillt, gebraten oder gebacken. Auch für die passenden Getränke, wie selbst gemachte Limonaden und Bowlen, ist natürlich gesorgt. Dazu gibt es viele Ideen und Anregungen für Planung und Vorbereitung. Und sollte Petrus mal mit dem schönen Wetter geizen, so werden diese Rezepte aus der Sommerküche auch drinnen begeistern.

FÜR ALLE GELEGENHEITEN

Die Einteilung in vier Kapitel gibt Anregungen, was für den jeweiligen Anlass am besten geeignet ist. Natürlich kann, ganz nach Lust und Laune, auch individuell kombiniert werden.
Im ersten Kapitel finden Sie Gerichte, die sich besonders gut dafür eignen, an einem schön gedeckten Sommertisch als Menü serviert zu werden.
Für das Kapitel „Gartenfeste" sind Rezepte zusammengestellt, die problemlos und gut für viele Personen vorzubereiten sind und auf einem Büffet angerichtet werden können.
Für das „Picknick-Vergnügen" ist es natürlich besonders wichtig, dass sich die Gerichte gut zum Mitnehmen und auch für einen längeren Transport ins Grüne eignen.
Und im vierten Kapitel wird die „Grillsaison" eröffnet. Hier dreht sich alles um das gekonnte Spiel mit dem Feuer.

Genießen Sie den Sommer und entdecken Sie, was er an frischen, kulinarischen Köstlichkeiten zu bieten hat. Freuen Sie sich auf schöne und entspannende Stunden mit der Familie und Freunden. Und vor allem, lassen Sie es sich schmecken!

ENDLICH SOMMER
Man is(s)t draußen

TÜREN AUF UND RAUS AUF DEN BALKON,
AUF DIE TERRASSE ODER IN DEN GARTEN.
BLUMEN, PFLANZEN UND KRÄUTER SIND
DIE IDEALE KULISSE FÜR EINEN SCHÖN
GEDECKTEN SOMMERTISCH.

DER SOMMERTISCH

im Grünen gedeckt

AUF BALKONIEN, AUF DER TERRASSE ODER AUCH IM GARTEN, ZWISCHEN BLUMEN,
PFLANZEN UND KRÄUTERN, WENN SICH DER DUFT DER SPEISEN MIT DER LAUEN
SOMMERLUFT VERMISCHT – DA SCHMECKT GLEICH ALLES NOCH MAL SO GUT.

Ob Familienfeier, Brunch oder einfach ein schöner Abend mit Freunden: Wenn man in kleinerer Runde zusammenkommt, kann man es sich an einem schön gedeckten Tisch gemütlich machen und jedem Gast durch ein Namenskärtchen einen festen Platz „reservieren". Soll es besonders fein und festlich sein, braucht man auch im Freien für eine schön gedeckte Tafel ein Tischtuch. Weiß passt immer und wirkt besonders schön in Kombination mit den Farben der Natur. Legen Sie ein Moltontuch darunter, es verhindert, dass die Tischdecke rutscht oder das Geschirr klappert. Auch Tischklammern leisten gute Dienste, wenn ein lauer Sommerwind weht. Passend

zum Tischtuch wählen Sie die Servietten und den Blumenschmuck. Hübsch sind auch Glasschalen, in denen einzelne Blüten schwimmen, z. B. Rosen zusammen mit Schwimmkerzen, oder Blütenblätter auf dem Tisch verstreut. Kräuter oder Gemüse eignen sich ebenfalls gut als Dekoration. Schreiben Sie eine Menükarte, vielleicht auf einem großen Pflanzenblatt oder einem Kieselstein.

Damit auch die Stühle zum schönen Sommertisch passen, kann man sie, besonders wenn es alte und unterschiedliche Exemplare sind, durch Stoffüberzüge, sogenannte Hussen, festlich „einkleiden".

EIN MENÜ SERVIEREN

Muten Sie sich nicht zu viel zu: Drei feine Gänge, nicht zu kompliziert, die sich gut vorbereiten lassen, reichen völlig aus und so haben Sie mehr Zeit für Ihre Gäste. Suppen, Kuchen und Nachtisch lassen sich gut am Vortag zubereiten, sodass Sie sich am Tag der Einladung auf die Hauptspeise konzentrieren können.

Da Sie die Speisen ja einzeln anrichten und servieren müssen und auch aus Platzgründen, sollten Sie nicht mehr als 8 Personen einladen, wenn Sie ein Menü servieren. Damit der Tisch nicht zu überladen wird, bietet es sich an, Brot, Weinkühler und Getränke auf einem Beistelltisch zu platzieren.

Achten Sie bei der Zusammenstellung des Menüs auf Abwechslung: keine Fischvorspeise, wenn es auch als Hauptgang Fisch gibt, kein Karottensüppchen, wenn Karotten als Beilage serviert werden. Auch bei den Zubereitungsarten und den Farben der Zutaten abwechseln. Bei der Auswahl die Vorlieben und Abneigungen Ihrer Gäste beachten, vor allem wenn Vegetarier darunter sind.

EINLADUNG ZUM BRUNCH

Zu dieser Kombination von Breakfast und Lunch wird zwischen 11.00 und 15.00 Uhr eingeladen, meist an einem Sonntag. Den Tisch z. B. mit Sonnenblumen dekorieren, weißes

Geschirr und gelbe Servietten wählen. Als Basics die üblichen Zutaten für ein Frühstück bereitstellen, dazu neben Säften und Wasser auch Sekt oder Prosecco oder eine Bowle (z. B. Kalte Ente von Seite 41). Zusätzlich den Maiskuchen mit Petersilie von Seite 52 mit ein paar feinen Aufstrichen (Seite 55) servieren. Beides kann schon am Tag vorher zubereitet werden. Gut passt auch das Kalbfleisch mit Thunfischsauce (Seite 25), das sich ebenfalls gut vorbereiten lässt. Wenn Sie Ihren Gästen ein warmes Fleischgericht servieren möchten, bietet sich die Lammschulter auf Kräuterbett (Seite 30) an. Und als süßer Abschluss eine Grütze, ein Beeren-Joghurt oder einen Milchreis mit Früchten (Seite 44/45), die man gut bereits am Vortag zubereiten kann.

LEGERER LUNCH

Für ein Mittagessen laden Sie zwischen 12 und 14 Uhr ein und dekorieren den Tisch mit Kräutern, Gemüse oder Früchten. Wählen Sie für das Menü eine Vorspeise aus den „Feinen Häppchen" von Seite 67 oder auch das Basilikumsüppchen (Seite 14). Als Hauptgericht servieren Sie dann Lachs und Romanesco in Folie (Seite 26) und als Dessert schmeckt ein Zitronenkuchen (Seite 81), der am Tag vorher gebacken werden kann.

FEINES KLEINES DINNER

Dazu können Sie ab 18 Uhr einladen. Für jeden Gast eine Rosenblüte in ein Glas Wasser, mit Namenskärtchen versehen, an den Platz stellen. Zusätzlich noch Rosenblüten auf den Tisch streuen. Eine Rosenbowle (Seite 77) zubereiten und dazu kleine Frischkäsebällchen, in Rosenblütenstreifen gewälzt, und etwas geröstetes Weißbrot reichen. Als Menü eine kalte Gurkensuppe mit Koriander-Lachs (Seite 61), dann Spargel-Bonbons oder Straußenfilet auf Kresse (aus der „Schnellen Sommerküche" von Seite 35) und als Dessert eine Espressocreme (Seite 42) servieren.

KLEINE MENGENLEHRE

Die Angaben pro Person sind natürlich nur ein grober Richtwert:
Suppe: ca. 200 ml
Salat: ca. 100 g
Fisch/Fleisch: 150–200 g
Gemüse/Kartoffeln: ca. 200 g
Dessert: ca. 150 g
Käse (als Dessert): ca. 80 g

BASILIKUMSÜPPCHEN
mit Croûtons und Parmesan

EIN FEINES KRÄUTERSÜPPCHEN, DAS MAN AUCH NUR MIT BASILIKUM ZUBEREITEN KANN. DURCH DEN SPINAT WIRD ES ABER GESCHMACKLICH RUNDER.

Zutaten für 4 Portionen

1 mittelgroße Zwiebel

1 Knoblauchzehe

1 Bund Basilikum

100 g junge Spinatblätter

4 Weißbrotscheiben

60 g Butter

Salz, Pfeffer aus der Mühle

800 ml Gemüsebrühe

200 g Sahne

1 Msp. gem. Muskatnuss

50 g frisch geriebener Parmesan

besonderes Werkzeug
▪ Mixer oder Pürierstab

Zeitbedarf
▪ 30 Minuten

So geht's

1. Die Zwiebel und die Knoblauchzehe abziehen und fein hacken. Das Basilikum waschen, trocken schütteln und die Blättchen abzupfen. Die Spinatblätter waschen und leicht ausdrücken.

2. Die Weißbrotscheiben in kleine Würfel schneiden. Die Hälfte der Butter in einer beschichteten Pfanne erhitzen und darin die Brotwürfel von allen Seiten in 2–3 Minuten knusprig braten [→a]. Mit Salz und Pfeffer aus der Mühle würzen, auf einen Teller legen und beiseitestellen.

3. Die restliche Butter in einem Topf erhitzen, Zwiebel und Knoblauch darin glasig anschwitzen. Mit Gemüsebrühe aufgießen, aufkochen und dann bei kleiner Hitze noch einige Minuten köcheln lassen.

4. Die Basilikum- und Spinatblätter in siedendes Salzwasser geben und kurz aufwallen lassen. Danach sofort abgießen und mit kaltem Wasser abschrecken [→b]. Die Blätter ausdrücken und mit der Sahne im Mixer oder mit dem Pürierstab pürieren.

5. Das Püree langsam unter die Gemüsesuppe rühren. 1–2 Minuten ziehen lassen und mit Muskatnuss, Salz und Pfeffer abschmecken. In Suppentassen verteilen, mit Croûtons und geriebenem Parmesan garnieren.

Die Varianten

Mit Schillerlocken
200 g Schillerlocken (geräucherte Bauchlappen vom Dornhai) schräg in kleine Stücke schneiden und als Einlage in die Suppe geben.

Mit Fetakäse
200 g Schafskäse in kleine Würfel schneiden, in die Tassen geben und mit dem Basilikumsüppchen aufgießen.

Mit Gemüse
200 g Möhren, Zucchini und/oder Bleichsellerie in ganz feine Würfelchen schneiden und über die Suppe streuen.

Mit überbackenem Brot
Aus Weißbrotscheiben kleine Kreise ausstechen und mit einer passend großen Scheibe Mozzarella belegen. Kurz im vorgeheizten Backofen bei 200 °C mit Grillstufe überbacken. Als „schwimmende" Einlage in die Suppe geben oder als Beilage dazu servieren.

SO SCHMECKT'S AUCH Einen mediterranen Touch bekommt das Süppchen, wenn man es mit 2 EL Pinienkernen, die im Mörser zerstoßen werden, und mit einigen Tropfen kalt gepresstem Olivenöl abrundet.

DAS IST *wirklich* WICHTIG

[a] KNUSPRIGES BROT Sparen Sie nicht an Butter, denn sie ist beim Rösten der Brotwürfel oder -scheibchen ein wichtiger Geschmacksträger. Anstelle von Weißbrotscheiben sind Reste von Misch- oder Vollkornbrot eine würzige Alternative.

[a]

[b] FÜR DIE OPTIK Damit Basilikum und Spinat ihre grüne Farbe behalten, ist es wichtig, die Blätter nach dem Blanchieren nicht nur einfach abtropfen zu lassen, sondern sofort mit kaltem, am besten eiskaltem Wasser abzuschrecken.

[b]

DAS IST
wirklich
WICHTIG

[a] ZUCCHINI AUSHÖHLEN Um das oftmals etwas harte Fruchtfleisch herauszulösen, ist ein spezieller Grapefruitlöffel, der an einer Seite eine kleine Sägevorrichtung hat, als Alternative zu einem normalen Löffel ein nützliches Werkzeug.

[b] MEDITERRANES AROMA Mit frischen Kräutern, z. B. Basilikum, Oregano, Rosmarin oder Salbei, die man unter die Tomaten mischt oder in der Auflaufform unter die Zucchini schiebt, lassen sich geschmackliche Akzente setzen.

[a]

[b]

GEFÜLLTE ZUCCHINI
mit Tomaten

MIT WÜRZIGEM PARMESAN GEFÜLLT UND MIT AROMATISCHEN TOMATEN IM OFEN
GESCHMORT: DIESE ZUCCHINIHÄLFTEN SIND HEISS UND AUCH KALT EIN GENUSS.

Zutaten für 4 Portionen

4–5 kleine Zucchini (ca. 800 g)

2 Knoblauchzehen

2 EL Olivenöl

Salz, Pfeffer aus der Mühle

Olivenöl für die Form

100 g Parmesan

2 Eier (Größe M)

150 g grob geriebenes Weißbrot
ohne Rinde

2–3 aromatische Tomaten

Kräuter nach Belieben (Salbei,
Oregano, Rosmarin, Basilikum)

Zeitbedarf
▪ 20 Minuten +
  25 Minuten garen

So geht's

1. Die Zucchini waschen und die Stielansätze entfernen. Die Zucchini längs halbieren und evtl. quer in 8–10 cm große Stücke schneiden. Das Fruchtfleisch vorsichtig herauslösen [→a] und in Würfel schneiden.

2. Die Knoblauchzehen abziehen und fein hacken. Zusammen mit den Zucchiniwürfeln in einer Pfanne in Olivenöl 3–4 Minuten andünsten, dabei gelegentlich umrühren, damit nichts ansetzen kann. Mit Salz und Pfeffer würzen und die Pfanne beiseiteziehen.

3. Den Backofen auf 200 °C (Umluft 180 °C) vorheizen. Eine Auflaufform mit Olivenöl ausstreichen. Den Parmesan reiben.

4. Die Zucchiniwürfel mit dem geriebenen Parmesan, den Eiern und den Brotbröseln vermischen. Die ausgehöhlten Zucchini damit füllen und in die Auflaufform geben. Die Tomaten waschen, in kleine Würfel schneiden und mit Kräutern nach Belieben rund um die Zucchini streuen [→b].

5. Die Auflaufform in den vorgeheizten Backofen schieben und die gefüllten Zucchini 15–20 Minuten garen. Mit den Tomatenwürfeln anrichten.

Dazu passen Petersilien-Gnocchi sehr gut.

Die Varianten

Zucchini-Rohkost
500 g Zucchini in hauchdünne Blättchen hobeln und breitflächig auf Tellern auslegen. Mit einer Mischung aus 1 EL Zitronensaft, 2 EL Olivenöl und 1 EL weißem Balsamico-Essig beträufeln. Mit Salz und grob geschrotetem Pfeffer bestreuen und mit 2 EL gehackter Petersilie bestreuen.

Zucchini-Röllchen
500 g Zucchini auf einem Küchenhobel der Länge nach in hauchdünne Scheiben schneiden. Jede Scheibe aufrollen und mit einem Zahnstocher fixieren. In eine Servierform dicht aneinander setzen und mit einer Mischung aus 2 EL gehackter Zitronenmelisse, 5 EL Olivenöl und mit dem Saft von 1 Orange begießen. Mit Folie abdecken und mindestens 2 Stunden im Kühlschrank marinieren.

FREIE TOMATENWAHL Je nach Saison oder marktfrischem Angebot eignen sich Fleischtomaten genauso wie Kirsch- oder Flaschentomaten. Wer die Schalen nicht mag, überbrüht die Tomaten einfach kurz mit kochendem Wasser und enthäutet sie anschließend.

RATATOUILLE
mit gefülltem Tintenfisch

DER FRANZÖSISCHE GEMÜSEKLASSIKER, HIER MIT RAFFINIERT GEFÜLLTEM TINTENFISCH, SCHMECKT WARM UND KALT. EINFACH MIT EINEM KNUSPRIGEN BAGUETTE SERVIEREN.

Zutaten für 4 Portionen

1 küchenfertige Tintenfischtube (ca. 300 g)

1 EL Zitronensaft

Salz, Pfeffer aus der Mühle

2 Scheiben Weißbrot ohne Rinde

50 g Kräuter-Crème-fraîche

10 schwarze Oliven ohne Stein

5 blaue, süße Weintrauben

1 Ei (Größe M)

5 EL Olivenöl

1 mittelgroße Aubergine

2 kleine Zucchini

2 Knoblauchzehen

1 Zwiebel

je 1 rote, gelbe und grüne Paprikaschote

500 g Fleischtomaten

100 ml trockener Rotwein

¼ l Tomatensaft

1 EL gehackte Kräuter (Rosmarin, Thymian, Oregano)

Zeitbedarf
- 50 Minuten +
  20 Minuten garen

So geht's

1. Die Tintenfischtube [→a] innen und außen gründlich waschen. Mit Küchenpapier trocken tupfen, mit Zitronensaft beträufeln und mit Pfeffer würzen. Den Backofen auf 180 °C (Umluft 160 °C) vorheizen.

2. Das Weißbrot ohne Rinde fein reiben und mit Crème fraîche verrühren. Die Oliven und die entkernten Weintrauben hacken. Alle vorbereiteten Zutaten mit Ei, Salz und Pfeffer sowie 1 EL Olivenöl verrühren. Mit einem Löffel in die Tintenfischtube füllen und mit einem Zahnstocher verschließen [→b]. Mit Folie abgedeckt in den Kühlschrank stellen.

3. Die Aubergine waschen, in 1 cm große Würfel schneiden und für 10 Minuten in kaltes Salzwasser legen [→c]. Anschließend abgießen und mit Küchenpapier trocken tupfen. Die Zucchini waschen, Stielansätze entfernen und in Scheibchen schneiden.

4. Die Knoblauchzehen und die Zwiebel schälen und hacken. Die Paprikaschoten waschen, Kerngehäuse entfernen, Fruchtfleisch würfeln. Die Tomaten heiß überbrühen, häuten, entkernen, das Fruchtfleisch in Achtel schneiden. Den Backofen auf 180 °C (Umluft 160 °C) vorheizen.

5. In einem Bräter 2 EL Olivenöl erhitzen und darin die gefüllte Tintenfischtube von allen Seiten 2 Minuten braten; herausnehmen und auf einen Teller legen. Restliches Olivenöl in die Pfanne gießen und darin Zwiebel- und Knoblauchwürfel andünsten.

6. Nach und nach das vorbereitete Gemüse einstreuen, einige Minuten andünsten, mit Salz und Pfeffer würzen. Mit Rotwein ablöschen und mit Tomatensaft aufgießen. Aufkochen lassen, vom Herd ziehen, den Tintenfisch in das Gemüse legen und löffelweise mit Flüssigkeit überziehen.

7. Im geschlossenen Bräter 20 Minuten im Ofen garen. Herausnehmen, 5–8 Minuten zugedeckt ruhen lassen. Den Tintenfisch quer in Scheiben schneiden. Das Gemüse mit den Kräutern verrühren.

DAS IST
wirklich
WICHTIG

[a] VERSCHIEDENE GRÖSSEN Je nach Angebot des Fischhändlers kann man für dieses Gericht eine große Tintenfischtube oder mehrere kleine Exemplare verwenden. Oder tiefgefrorene Tuben verwenden, die es, fertig zum Füllen vorbereitet, in verschiedenen Größen gibt.

[b] DIE FÜLLUNG kann auch ohne Ei zubereitet werden (es ist als Geschmacksträger eingesetzt), da die Kräuter-Crème fraîche schon sehr »verbindend« wirkt. Die Füllmasse in kleinen Löffelportionen einschieben, mit dem leeren Löffel nachdrücken und die Tube verschließen.

[c] AUBERGINEN EINSALZEN Diese Gemüsefrucht saugt beim Braten das Fett wie ein Schwamm auf. Dem kann man aber entgegenwirken, indem man die Würfel mit Salz vorbehandelt und ihnen so etwas Wasser entzieht.

[b]

19

[a]

DAS IST
wirklich
WICHTIG

[a] AUBERGINEN VORBEREITEN Für das fertige Auberginengemüse ist es geschmacklich sehr wichtig, dass die Auberginen frittiert sind. Das gibt den extra-nussigen, leicht röstartigen Geschmack. Damit das Fruchtfleisch dabei nicht zu viel Fett aufsaugt, sollte man es vorher einsalzen.

[b] LANGSAM KÖCHELN Dabei verdampft unnötiges Wasser und zurück bleibt konzentrierter Geschmack, der das Gericht so aromatisch macht.

[b]

AUBERGINEN
mit Rosinen

EINE RAFFINIERT-WÜRZIGE KOMBINATION, DIE NACH SONNE UND SÜDEN SCHMECKT UND KALT SERVIERT IDEAL FÜR HEISSE SOMMERTAGE IST.

Zutaten für 4 Portionen

1 kg Auberginen

Salz

½ l Sonnenblumenöl

1 Zwiebel

2 Knoblauchzehen

1 Stange Sellerie

1 Bund Petersilie

800 g Tomaten

3 EL Olivenöl

100 g Rosinen

Pfeffer aus der Mühle

3 EL Balsamico-Essig

50 g Pinienkerne zum Garnieren

Zeitbedarf

▪ 1 Stunde +
15 Minuten ziehen +
1 Stunde kühlen

So geht's

1. Die Auberginen waschen, Stielenden entfernen und das Fruchtfleisch in 1 cm große Würfel schneiden. Auf einem Teller ausbreiten, mit Salz bestreuen und 15 Minuten ziehen lassen [→a].

2. Die Auberginenwürfel mit Küchenpapier abtupfen und portionsweise in heißem Pflanzenfett in einer hohen Pfanne 1–2 Minuten frittieren. Auf Küchenpapier entfetten.

3. Die Zwiebel und die Knoblauchzehen abziehen und fein hacken. Die Selleriestange putzen, entfädeln und in kleine Stücke schneiden. Die Petersilie waschen, trocken schütteln, die Blättchen abzupfen und fein hacken. Die Tomaten waschen, kurz blanchieren, häuten und in kleine Würfel schneiden.

4. Das Olivenöl in einer Pfanne erhitzen, Zwiebel, Knoblauch und Sellerie darin andünsten. Die Rosinen und die Tomaten hinzufügen und alles unter Rühren etwa 20 Minuten leise köcheln lassen [→b]. Mit Salz und Pfeffer würzen und kurz vor Ende der Garzeit die Petersilie unterrühren.

5. Den Pfanneninhalt mit Balsamico abschmecken und mit den Auberginenwürfeln vermengen. Mit Folie abdecken und zum Durchziehen für mindestens 1 Stunde in den Kühlschrank stellen. Zum Servieren mit Pinienkernen bestreuen.

Zu diesem fein säuerlichen Gemüse schmeckt, warm oder kalt serviert, Weißbrot oder Baguette am besten.

Die Variante

Auberginen-Lasagne

Dafür die Auberginen längs in dünne bis mittlere Scheiben (am besten mit einer Aufschnittmaschine) schneiden. Mit Salz bestreuen, 15 Minuten ziehen lassen, dann mit Küchenpapier abtupfen. Mit Pfeffer würzen, in Mehl wenden und in Olivenöl von beiden Seiten braten. In einer geölten Auflaufform den Boden mit Auberginen auslegen, einen Teil der Tomaten-Rosinen-Sauce daraufgeben, dann wieder Auberginenscheiben. Abwechselnd einschichten, mit Auberginen abschließen. Mit Pizzakäse oder geriebenem Parmesan bestreuen und im vorgeheizten Backofen bei 200 °C (Umluft 180 °C) etwa 15 Minuten überbacken.

Dazu passen gemischter Salat und italienisches Brot.

SO SCHMECKT'S AUCH Das Gemüse (auch für Reste ideal) auf einem Strudelteig (aus der Kühltheke) verteilen, einrollen und im Backofen bei 200 °C (Umluft 180 °C) 15–20 Minuten (nach Packungsvorschrift) backen. Einige Minuten abkühlen lassen, danach quer in dickere Scheiben schneiden.

SALATHERZEN
mit Weintrauben

Zutaten für 4 Portionen

- 250 g kleine, süße Weintrauben
- 3 Kopfsalatherzen
- ½ Bund Schnittlauch
- 1 rote Paprikaschote
- 4 EL Rapsöl
- 2 EL Sherryessig
- Salz, Pfeffer aus der Mühle
- 50 g Pinienkerne zum Garnieren

Zeitbedarf
- 20 Minuten

So geht's

1. Die Weintrauben entstielen, waschen und trocken tupfen. Die Kopfsalatherzen in einzelne Blätter teilen, waschen und gründlich abtropfen lassen.

2. Den Schnittlauch waschen, trocken schütteln und in Röllchen schneiden. Die Paprikaschote waschen, entkernen und sehr klein würfeln.

3. Das Rapsöl mit Sherryessig verrühren, die Paprikawürfel untermischen, mit Salz und Pfeffer würzen. Die Weintrauben mit Schnittlauch und den Salatblättern locker vermengen und in einer Schüssel anrichten.

4. Die Salatsauce erst kurz vor dem Servieren darüberträufeln, den Salat mit Pinienkernen bestreuen.

Passt sehr gut zu kurzen Nudeln, z. B. Orecchiette oder Casarecce.

FENCHELSALAT
mit Melonen-Vinaigrette

Zutaten für 4 Portionen

- 2 Fenchelknollen
- ½ Bund gemischte Kräuter
- (Petersilie, Kerbel, Oregano, Dill)
- 1 Stück (2 cm) frische Ingwerwurzel
- 1 Honigmelone
- 1 TL Honig
- 2 EL Olivenöl
- 1 EL weißer Balsamico-Essig
- Meersalz, Pfeffer aus der Mühle

besonderes Werkzeug
- Mixer oder Pürierstab

Zeitbedarf
- 30 Minuten

So geht's

1. Die Fenchelknollen waschen, längs halbieren, den Strunk entfernen. Die Knollen in Streifen schneiden. Die Kräuter waschen, trocken schütteln, die Blättchen abzupfen und fein hacken.

2. Den Ingwer schälen und klein würfeln. Die Honigmelone schälen und entkernen. ⅔ der Melone in Streifen, passend zum Fenchel schneiden und mit diesem in einer Schüssel locker vermischen.

3. Das restliche Melonenfruchtfleisch mit Honig, Olivenöl und Balsamico im Mixer oder mit einem Stabmixer pürieren. Mit Meersalz und Pfeffer würzen, zuletzt Ingwer und die Kräuter unterrühren.

4. Erst kurz vor dem Servieren den Fenchel und die Melone mit der Melonen-Vinaigrette beträufeln.

SPARGEL
mit Orangendressing

Zutaten für 4 Portionen

1 kg weißer Spargel

Salz

1 TL Zitronensaft

1 TL Butter

1 Bio-Orange

200 ml Orangensaft

1 TL Sherryessig

5 EL Walnussöl

Pfeffer aus der Mühle

2 EL gehackte Walnüsse

Zeitbedarf

- 30 Minuten +
  1 Stunde marinieren

So geht's

1. Den Spargel waschen, schälen und die Enden abschneiden. In kochendes Salzwasser mit Zitronensaft und Butter legen und ca. 10 Minuten garen.

2. In der Zwischenzeit die Orange heiß waschen, mit Küchenpapier trocken reiben und etwas von der Schale abreiben. Die Orange schälen, die weiße Haut vollständig entfernen und die Orange filetieren, d. h. die Filets zwischen den Trennwänden mit einem scharfen Messer herausschneiden.

3. Den Spargel abgießen und in eine Porzellan- oder Glasform legen. Darauf die Orangenfilets und die abgeriebene Orangenschale geben. Orangensaft mit Sherryessig und Walnussöl verrühren, mit Salz und Pfeffer würzen und über den Spargel gießen.

4. Den Spargel mit Folie abdecken und mindestens 1 Stunde zum Marinieren in den Kühlschrank stellen. Kurz vor dem Servieren die gehackten Walnüsse darüberstreuen.

ZUCCHINISALAT
mit Pfirsich

Zutaten für 4 Portionen

500 g Zucchini

250 g Möhren

2 süße, saftige Pfirsiche

¼ Bund Petersilie

2 EL Honig

2 EL Weißweinessig

4 EL Walnussöl

Salz, Pfeffer aus der Mühle

1 EL Sesamsamen

Zeitbedarf

- 30 Minuten

So geht's

1. Die Zucchini waschen und die Stielansätze entfernen. Die Zucchini längs halbieren, entkernen und in dünne Scheibchen schneiden oder hobeln. Die Möhren waschen, schälen und in dünne Streifen schneiden. Die Pfirsiche waschen, entsteinen und in Streifen schneiden.

2. Die Petersilie waschen, trocken schütteln, die Blättchen abzupfen und fein hacken. Den Honig mit Weißweinessig, Walnussöl und 1 EL Wasser kräftig verrühren.

3. Die vorbereiteten Zutaten mit dem Dressing locker vermengen. Mit Salz und Pfeffer würzen und in einer Schale anrichten. Mit Sesamsamen bestreuen.

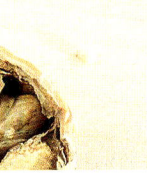

[a]

DAS IST *wirklich* WICHTIG

[a] FLEISCH EINLEGEN Das Kalbfleisch muss vollständig mit Flüssigkeit bedeckt sein und während der Marinierzeit gewendet werden, damit keine trockenen Stellen bleiben.

[b] PERFEKT GEGART Damit das Fleisch zart und saftig bleibt, ist ein Thermometer hilfreich. Bei 60 °C Kerntemperatur (nach ca. 20 Minuten Garen) das Kalbfleisch herausnehmen und abgedeckt auskühlen lassen. Danach mit einem scharfen Messer in sehr dünne Scheiben schneiden.

SO SAFTIG UND ZART-ROSA SOLL DAS FLEISCH SEIN

[b]

KALBFLEISCH
mit Thunfischsauce

EINE ERFRISCHENDE VORSPEISE AUS ITALIEN, DIE IM ORIGINAL „VITELLO TONNATO"
HEISST. DIE ZITRONEN GEBEN DEM GERICHT DEN GANZ BESONDEREN, FRISCHEN KICK.

Zutaten für 8 Vorspeisen

800 g Kalbfleisch (aus der Nuss)

½ Bund Suppengemüse

2 Lorbeerblätter

3 Bio-Zitronen

½ l trockener Weißwein

Salz

1 Dose Thunfisch im eigenen
Saft (200 g)

1 Gläschen eingelegte Kapern
(80 g)

150 g Mayonnaise

Pfeffer aus der Mühle

1 EL gehackte Petersilie

besonderes Werkzeug
▪ Mixer oder Pürierstab

Zeitbedarf
▪ 30 Minuten +
 25 Minuten garen +
 1 Tag marinieren

So geht's

1. Das Kalbfleisch kalt abspülen und in einen Topf legen. Das Suppengemüse putzen, waschen, grob zerschneiden und mit den Lorbeerblättern über das Fleisch streuen. 1 Zitrone heiß abwaschen, in Scheiben schneiden und dazulegen. Mit Weißwein und so viel kaltem Wasser begießen, dass das Fleisch gut bedeckt ist [→a]. Mit Folie abdecken und für 1 Tag in den Kühlschrank stellen. Dabei zwischendurch 1–2-mal wenden.

2. Am nächsten Tag den Topf auf den Herd stellen, das Fleisch mit 1 TL Salz würzen und bei mittlerer Hitze 20–25 Minuten garen. In der Zwischenzeit den Thunfisch mit 1 Kelle Kalbsbrühe pürieren und mit der Hälfte der Kapern sowie mit der Mayonnaise verrühren. Bis zum Gebrauch in den Kühlschrank stellen.

3. Das fertig gegarte Fleisch aus der Brühe nehmen und abkühlen lassen. In dünne Scheiben schneiden [→b] und breitflächig auf einer Servierplatte anrichten.

4. Die Thunfischsauce mit Salz und Pfeffer würzen, evtl. noch etwas Kalbsbrühe unterrühren und damit die Fleischscheiben überziehen. Mit den restlichen Kapern bestreuen. 2 Zitronen heiß waschen, in Scheiben schneiden und als Garnitur um das Fleisch legen. Gehackte Petersilie darüberstreuen.

Dazu passt italienisches Brot wie Ciabatta oder Focaccia, aber auch ein Baguette.

SO SCHMECKT'S AUCH Für eine schnelle Variante einfach 4 dünne Kalbs-, Puten- oder Hähnchenschnitzel mit Salz und Pfeffer würzen und in etwas Pflanzenöl 5–6 Minuten braten. Abkühlen lassen und anschließend mit der Thunfischsauce überziehen.

LACHS MIT ROMANESCO
in Folie gegart

GUT VERPACKT UND GESCHÜTZT VOR DIREKTER HITZE – SO KOMMEN FISCHFILET
UND SOMMERGEMÜSE BESONDERS ZART UND SAFTIG AUF DEN TISCH.

Zutaten für 4 Portionen

1 kleiner Romanesco

4 junge Möhren mit Grün

1 Kohlrabi

3 EL Olivenöl

½ Bund Dill

800 g Lachs am Stück

1 Bio-Zitrone

Salz, Pfeffer aus der Mühle

5 EL trockener Weißwein

Alufolie

Zeitbedarf
▪ 30 Minuten +
  25 Minuten garen

So geht's

1. Das Gemüse waschen, den Romanesco in Röschen schneiden, die Möhren putzen, dabei den Krautansatz nicht entfernen. Den Kohlrabi schälen, vierteln und in Scheibchen schneiden.

2. Den Backofen auf 200 °C (Umluft 180 °C) vorheizen und ein Backblech mit Alufolie auskleiden. Die zweite Lage Alufolie so legen, dass die längeren Enden überlappen. Die Folie mit Olivenöl bepinseln und darauf die gewaschenen Dillzweige legen [→a].

3. Die vorbereiteten Gemüse in kochendem Salzwasser 5 Sekunden blanchieren, abgießen, sofort mit kaltem Wasser abschrecken und gründlich abtropfen lassen.

4. Die Lachsseite waschen, trocken tupfen, eventuelle Gräten entfernen und den Fisch mit dem Saft von ½ Zitrone beträufeln [→b]. Die zweite Zitronenhälfte in Scheiben schneiden, auf das Blech verteilen und darauf den Lachs mit der Haut nach unten legen.

5. Den Lachs mit Salz und Pfeffer würzen und die Gemüse daraufgeben. Mit dem restlichen Olivenöl und Weißwein beträufeln. Die Folienenden nach oben ziehen, den Gemüse-Lachs gut verschließen und das Blech in den vorgeheizten Backofen auf die mittlere Schiene stellen. Ca. 25 Minuten garen, anschließend aus dem Ofen nehmen und die Folie erst am Tisch öffnen.

Als Beilage passen Pellkartoffeln, Bandnudeln oder Spaghetti mit einer Zitronen-Sahnesauce sehr gut. Noch sommerlicher schmecken die Nudeln mit 1 EL frisch gehacktem Bärlauch oder gemischten Kräutern.

SO SCHMECKT'S AUCH Anstatt Lachs können Sie auch den „catch of the day" nehmen: festfleischige Fischsorten wie Heilbutt und Seeteufel oder auch ganze Fische, z. B. eine große Lachsforelle oder Doraden. Auch das Gemüse kann man nach Marktangebot variieren: Knollensellerie, Bleichsellerie, Zucchini, Lauch, Frühlingszwiebeln, Blumenkohl oder/und Brokkoli passen ebenfalls gut.

DAS IST *wirklich* WICHTIG

[a] VORBEREITUNG Die Dillzweige auf dem Boden des Backblechs sorgen dafür, dass der Lachs ein feines Kräuteraroma bekommt. Das Olivenöl sorgt hier nicht nur für Geschmack, sondern verhindert auch, dass die Fischhaut an der Alufolie festklebt.

[b] ZITRONENSAFT Fischfleisch wird fester, wenn man es mit Zitrone, kurz vor dem Garen, beträufelt. Gesalzen wird der Fisch erst nach dem Würzen mit Zitrone.

[b] ABLÖSCHEN Ob mit Prosecco, Weißwein oder nur mit Gemüsebrühe, der Zeitpunkt des Zugießens ist wichtig: Erst, wenn der Topfinhalt kurz vor dem Ansetzen ist. Das Wasser ist bereits verdampft und Gemüse und Graupen können das Aroma direkt aufnehmen.

(c) FISCH PANIEREN Die Seezungenfilets sind ganz ohne Semmelbrösel, nur mit einer leichten Panade alla Milanese umhüllt. Beim Braten darauf achten, dass die Parmesankruste nicht zu dunkel wird.

[c]

DAS IST *wirklich* WICHTIG

[a] GRAUPEN Die geschälten und polierten Gerstenkörner sind eine feine Alternative zu Reis und mit Gemüse kombiniert besonders wohlschmeckend.

[b]

SPARGEL-GRAUPOTTO
mit Fisch-Piccata

WÄHREND DIE GRAUPEN MIT GEMÜSE UND EINEM SCHLÜCKCHEN PROSECCO IM
BACKOFEN GAREN, WERDEN DIE FISCHFILETS IN DER PFANNE KNUSPRIG GEBRATEN.

Zutaten für 4 Portionen

1 Möhre

100 g Knollensellerie

1 mittelgroße Zwiebel

½ Stange Lauch

250 g grüner Spargel

1 Bund gemischte Kräuter

100 g magerer Räucherspeck

2 ½ EL Butter

250 g Graupen

150 ml Prosecco oder Sekt

600 ml Gemüse- oder
Fleischbrühe

Salz, Pfeffer aus der Mühle

2 Tomaten

600 g Seezungenfilets ohne Haut

1 EL Zitronensaft

2 Eier (Größe M)

50 g frisch geriebener
Parmesan

Mehl zum Wenden

Zeitbedarf
▪ 30 Minuten +
  ca. 40 Minuten garen

So geht's

1. Möhre, Sellerie und Zwiebel schälen und fein hacken. Den Lauch (nur das Weiße verwenden) längs halbieren, waschen und quer in dünne Streifen schneiden. Den Spargel waschen, die Enden großzügig entfernen, die Stangen schräg in ca. 2 cm große Stücke schneiden.

2. Den Backofen auf 200 °C (Umluft 180 °C) vorheizen. Die Kräuter waschen, trocken schütteln, Blättchen abzupfen und hacken. Den Speck würfeln.

3. In einem breiten, ofenfesten Topf 1 EL Butter erhitzen und darin unter Rühren Möhre, Sellerie, Zwiebel und Lauch andünsten. Speckwürfel zugeben, 1 Minute braten und dann die Graupen einstreuen [→a]. Alles einige Minuten dünsten lassen.

4. Mit Prosecco ablöschen [→b], Brühe zugießen, einmal aufkochen lassen und mit Salz und Pfeffer würzen. Den Topf mit einem Deckel verschließen und im vorgeheizten Backofen 35–40 Minuten garen.

5. Die Tomaten blanchieren, häuten, entkernen und in kleine Würfel schneiden. Die Fischfilets waschen, trocken tupfen, mit Zitronensaft beträufeln und mit Salz und Pfeffer würzen. Die Eier verquirlen und mit Parmesan verrühren.

6. Etwa 10 Minuten vor Ende der Garzeit den Topf aus dem Ofen nehmen, die Spargelstücke und die Hälfte der Kräuter untermischen. Den Topf in den Backofen zurückstellen.

7. 1 EL Butter in einer größeren Pfanne erhitzen. Die Fischfilets in Mehl wenden, durch die Käse-Eier-Mischung ziehen und in der heißen Butter auf jeder Seite 2–3 Minuten knusprig braten [→c]. Herausnehmen und auf einen Teller legen.

8. Die restliche Butter in die Pfanne geben. Tomatenwürfel und Kräuter darin schwenken und die Fischfilets damit löffelweise überziehen. Das Graupotto aus dem Ofen nehmen, locker durchmischen und mit dem Fisch servieren.

SO SCHMECKT'S AUCH Anstatt Graupen kann man auch 250 g Risottoreis verwenden und zum Aufgießen trockenen Weißwein statt Prosecco. Der grüne Spargel kann auch durch weißen ersetzt werden, der allerdings geschält und 10 Minuten in Salzwasser mit 1 Spritzer Zitronensaft und 1 Prise Zucker vorgegart wird.

LAMMSCHULTER
auf Kräuterbett

WÜRZIGES FLEISCH AUF AROMATISCHER ZITRONENMELISSE UND MINZE,
ZUSAMMEN MIT JUNGEM GEMÜSE GESCHMORT – DAS WIRD EIN FESTESSEN!

Zutaten für 4 Portionen

1 Lammschulter (ca.1,2 kg)

Salz, Pfeffer aus der Mühle

½ Bund Zitronenmelisse

½ Bund Minze

3 Zehen Knoblauch

5 EL Olivenöl

1 Bund Frühlingszwiebeln

1 Bund junge Möhren mit Grün

½ l Lammfond (Glas)

1 EL Speisestärke

Zeitbedarf
- 40 Minuten +
  1 Stunde garen

So geht's

1. Die Lammschulter [→a] kalt abwaschen, mit Küchenpapier trocken tupfen und mit Salz und Pfeffer würzen. Die Kräuter waschen und trocken schütteln.

2. Die Knoblauchzehen abziehen, durch eine Knoblauchpresse drücken, mit 2 EL Olivenöl verrühren. Die Lammschulter damit bepinseln [→b].

3. Die Frühlingszwiebeln putzen und in Viertel schneiden. Die Möhren putzen, dabei noch etwas Grün am Ansatz stehen lassen.

4. Den Backofen auf 200 °C (Umluft 180 °C) vorheizen und ein Backblech mit den Kräutern auslegen. 3 EL Olivenöl in einem Bräter erhitzen und darin die Lammschulter 5 Minuten von allen Seiten anbraten. Die Frühlingszwiebeln und Möhren zugeben und einige Minuten mitbraten.

5. Fleisch und Gemüse auf das Kräuterbett legen und mit 100 ml Lammfond beträufeln. Das Backblech in den vorgeheizten Backofen schieben und das Fleisch ca. 1 Stunde garen, dabei mehrmals mit 100 ml Lammfond beträufeln.

6. Die gegarte Lammschulter in Alufolie wickeln und für etwa 20 Minuten im ausgeschalteten Backofen ruhen lassen. Den Bratenfond vom Backblech durch ein Sieb passieren. Dabei die Möhren und Frühlingszwiebeln für die Garnitur beiseitelegen.

7. Die Sauce mit dem restlichen Lammfond kurz aufkochen lassen. Die Speisestärke mit 4 EL Wasser glatt rühren und die Sauce damit binden. Den Bratensaft, der sich in der Folie gebildet hat, dazugießen. Das Fleisch vom Knochen lösen, in Scheiben schneiden, mit Gemüse garnieren und die Sauce separat dazu reichen.

Dazu passen Pellkartoffeln oder gratinierte Kartoffeln.

SO SCHMECKT'S AUCH Statt Schulter kann man auch 1,5 kg Lammkeule verwenden oder Rücken und Kotelett am Stück. Auch bei den Kräutern kann man variieren und Petersilie, Thymian, Oregano und Rosmarin nehmen. Statt Gemüse können Sie auch Kartoffeln, in gleich große Stücke geschnitten, im Ofen mitgaren.

DAS IST
wirklich WICHTIG

[a] GUTES LAMMFLEISCH stammt von jungen Tieren, nicht älter als 1 Jahr. Das beste Fleisch liefert das mit Milch aufgezogene „Milchlamm", das im Alter zwischen 3 und 4 Monaten geschlachtet wird. Mastlämmer sind bei der Schlachtung 8 bis 9 Monate alt.

[b] BEPINSELN mit Knoblauchöl, sorgfältig und rundherum, sorgt dafür, dass das Fleisch beim Braten nicht austrocknet, sondern schön saftig bleibt. Auch durch das Beträufeln mit Fond, während des Garens, bleibt das Fleisch zart.

[b]

DAS IST *wirklich* WICHTIG

[a] **ERDBEEREN** Damit sie mit den Tomaten zusammen die gewünschte süß-pikante Mischung ergeben, ist es wichtig, möglichst süße, aromatische und kleine Erdbeeren zu verwenden. Nach dem Waschen mit Küchenpapier gut trocken tupfen, damit der Teig knusprig bleibt.

[a]

TOMATENKUCHEN
mit Erdbeeren und Mozzarella

EIN UNKOMPLIZIERTER BLECHKUCHEN AUS HEFETEIG, DER DURCH DIE
RAFFINIERTE MISCHUNG VON SAFTIGEN TOMATEN UND AROMATISCHEN
ERDBEEREN EIN BESONDERES GESCHMACKSERLEBNIS IST.

Zutaten für 1 Backblech

Für den Teig

500 g Mehl

1 Würfel Hefe (42 g)

1 EL Honig

100 g Sahne

100 ml lauwarme Milch

1 TL Salz

2 Eier (Größe M)

50 g zimmerwarme Butter

Für den Belag

700 g aromatische Tomaten

½ Bund Oregano

200 g Mozzarella

6 EL Olivenöl

400 g aromatische Erdbeeren

3 EL weißer Balsamico-Essig

1 Prise Zucker

Salz, Pfeffer aus der Mühle

Zeitbedarf
▪ 50 Minuten +
  40 Minuten ruhen +
  30 Minuten backen

So geht's

1. Das Mehl in eine Schüssel sieben und in die Mitte eine Mulde drücken. Die Hefe hineinbröckeln und mit Honig, Sahne und Milch verrühren. Mit Mehl vom Rand bestäuben, mit einem Küchentuch abdecken und 20 Minuten gehen lassen.

2. In der Zwischenzeit die Tomaten überbrühen, häuten, entkernen und in 1 cm große Stücke schneiden. Oregano waschen, trocken schütteln, die Blättchen abzupfen und in Streifen schneiden. Den Mozzarella in dünne Scheibchen schneiden. Ein Backblech mit 1 EL Olivenöl bestreichen.

3. Salz, Eier und Butter zum Vorteig geben und alles zu einem geschmeidigen Teig verkneten. Dünn auswellen, das Backblech damit auskleiden und den Teig nochmals 20 Minuten gehen lassen.

4. Den Backofen auf 200 °C (Umluft 180 °C) vorheizen. Die Erdbeeren waschen, trocken tupfen und passend zu den Tomaten in Stücke schneiden [→a]. Erdbeeren, Tomaten, Oregano, Olivenöl und Balsamico locker vermengen. Mit Zucker, Salz und Pfeffer abschmecken.

5. Die Tomatenmischung auf der Teigfläche verteilen und mit Mozzarella belegen. Das Backblech auf die mittlere Schiene in den vorgeheizten Backofen schieben und den Kuchen ca. 30 Minuten backen. Herausnehmen, 10 Minuten abkühlen lassen und in handliche Stücke schneiden.

Dazu schmeckt ein Klecks Mascarpone mit etwas Crema di Balsamico sehr gut.

Die Variante

Gemüsekuchen
1 kg Gemüse der Saison, wie Zucchini, Brokkoli, Möhren und Strauchtomaten, als Belag für den Hefeteig vorbereiten. Dazu die Brokkoliröschen in Salzwasser blanchieren, die Tomaten häuten und entkernen, Zucchini und Möhren in kleine Stücke schneiden. Das Gemüse breitflächig auf dem Hefeteig verteilen. Frische Basilikumblättchen darübergeben, mit Salz und Pfeffer würzen und mit 100 g Pizzakäse bestreuen. 2 Eier mit 100 g Sahne verquirlen und löffelweise über den Kuchen geben. Im vorgeheizten Backofen bei 200 °C (Umluft 180 °C) ca. 30–35 Minuten backen.

SOMMERKÜCHE
schnell, leicht & lecker

KNACKIGE SALATE, KURZ GEGARTES GEMÜSE, OHNE
GROSSEN AUFWAND ZUBEREITET – SO SCHMECKEN DIE
FRISCHEN PRODUKTE AUS DEM EIGENEN GARTEN ODER
VOM MARKT AM ALLERBESTEN. ALLE REZEPTE SIND
FÜR 4 PORTIONEN BERECHNET.

PORTULAKSALAT

200 g Portulak (Wildkräutersalat) verlesen, waschen und abtropfen lassen. 200 g Zuckerschoten in kochendem Salzwasser ca. 3 Minuten blanchieren und dann mit eiskaltem Wasser abschrecken. 150 g Naturjoghurt mit 1 EL Honig und 1 EL Zitronensaft verrühren und mit 1 Msp. Currypulver, Meersalz und Pfeffer aus der Mühle würzen. Zusammen mit Portulak und Zuckerschoten locker vermengen und auf 4 Tellern anrichten. Pro Portion je 2 Grissini mit je 1 Scheibe hauchdünnem Parmaschinken umwickeln und auf den Tellerrand legen.

SPINATKUGELN

1 kg jungen Spinat in kochendem Salzwasser blanchieren, abgießen und mit eiskaltem Wasser abschrecken. Gründlich abtropfen lassen. Kleine walnussgroße Portionen abnehmen, fest ausdrücken und zu Spinatkugeln formen. Diese dicht nebeneinander in einer Servierschüssel anrichten. 1 Zwiebel und 1–2 Knoblauchzehen abziehen, fein würfeln und mit 200 g Schmand, ½ TL frisch gemörsertem Kreuzkümmel und einigen Safranfäden, aufgelöst in 1 EL Wasser, verrühren. Mit Meersalz und Pfeffer aus der Mühle würzen. Die Mischung über die Spinatkugeln gießen und mit Currypulver bestäuben.
Dazu schmeckt Fladenbrot sehr gut.

SPARGELBONBONS

1 kg weißen Spargel putzen, schälen und auf 4 großzügig bemessene Backpapierblätter verteilt mittig legen. Mit Salz, Pfeffer und etwas Zucker würzen und mit insgesamt 2 EL Butterflöckchen belegen. 1 EL frisch gehackten Estragon darüberstreuen. Die Backpapierblätter so verschließen, dass keine Flüssigkeit austreten kann und die jeweiligen Enden mit Küchengarn, wie Bonbons, zubinden. Die 4 Spargelpakete auf ein Backblech geben und im vorgeheizten Backofen bei 180 °C (Umluft 160 °C) 25–30 Minuten garen.
Dazu schmecken Baguette und in Scheiben geschnittener gekochter und geräucherter Schinken.

KOHLRABISCHNITZEL

250 g Möhren grob raspeln, mit 2 EL Rapsöl vermengen und mit Salz und Pfeffer würzen. Breitflächig auf einer Servierplatte auslegen und mit 50 g Sesamsamen bestreuen.
500 g Kohlrabi schälen, in ½ cm dicke Scheiben schneiden und mit 1 EL Zitronensaft beträufeln. Mit Salz und Pfeffer würzen und in Mehl wenden. Anschließend durch 2 verquirlte Eier ziehen und in Semmelbröseln panieren. In 4–5 EL Rapsöl auf beiden Seiten 1–2 Minuten knusprig braten. Auf Küchenpapier entfetten und auf den Möhren anrichten. Mit frisch gehackten Kräutern bestreuen. Heiß, warm oder kalt genießen.

NUDELN MIT ZUCCHINIBLÜTEN

250 g weiße oder grüne Bandnudeln in Salzwasser etwa 10 Minuten kochen. Inzwischen 200 g Lachsfilet in Würfel schneiden, mit Salz und Pfeffer würzen und in 2 EL Olivenöl von allen Seiten 2 Minuten braten. 4 geputzte Zucchiniblüten in Streifen schneiden und in die Pfanne streuen. Alles mit 5 EL trockenem Weißwein beträufeln und die fertig gegarten Nudeln mit einer Schaumkelle direkt aus dem Nudelwasser in die Pfanne geben. Kurz durchschwenken, 1 EL gemischte, gehackte Kräuter einstreuen und sofort servieren.

STRAUSSENFILET AUF KRESSE

Kresse aus 2 Kästchen schneiden, waschen und trocken tupfen. 400 g Straußenfilet (ersatzweise Rinderfilet) in Streifen schneiden und mit Salz, Pfeffer sowie 1 Prise Cayennepfeffer würzen. In 3 EL heißem Weizenkeimöl von allen Seiten braten. Die Kresse auf einer Servierplatte als Beet anrichten, mit Salz, Pfeffer und etwas Sherryessig würzen. Die Fleischstreifen darauf anrichten. Rundherum frische Melonenstücke (Honig- oder Wassermelone) legen. Schmeckt warm und kalt.

KLEINE BRIOCHE
mit Himbeerquark

OB MIT HIMBEEREN, KIRSCHEN ODER RHABARBER – DIE KLEINEN FRANZÖSISCHEN
BOTSCHAFTER AUS DER PATISSERIE SCHMECKEN WUNDERBAR!

Für 12 Brioche-Förmchen

300 g Mehl

½ Würfel Hefe (ca. 20 g)

1 EL Zucker

5 EL lauwarme Milch

125 g geschmolzene Butter

2 Eier (Größe M)

1 Prise Salz

Butter für die Förmchen

1 Eigelb (Größe M)

Für den Himbeerquark

250 g Himbeeren

2–3 Stängel Zitronenmelisse

1 TL Zitronensaft

250 g Sahnequark

2 EL Honig

Puderzucker zum Bestäuben

besonderes Werkzeug
- Brioche-Förmchen oder Muffin-Blech

Zeitbedarf
- 20 Minuten +
  75 Minuten ruhen +
  20 Minuten backen

So geht's

1. Das Mehl in eine Schüssel sieben und in die Mitte eine Mulde drücken. Die Hefe hineinbröckeln, den Zucker darüberstreuen und die Milch dazugießen. Mit etwas Mehl vom Rand bestäuben, mit einem Tuch abdecken und ca. 30 Minuten gehen lassen.

2. Die geschmolzene Butter, Eier und Salz zum Vorteig geben und mit einem elektrischen Handrührgerät einen geschmeidigen Teig kneten. Mit einem Tuch abdecken und nochmals 30 Minuten gehen lassen.

3. Die Förmchen mit Butter ausstreichen. Den Backofen auf 200 °C (Umluft 180 °C) vorheizen. Den Teig in 12 Portionen teilen und jede Portion mit den Fingern in die Förmchen so eindrehen, dass 2 ineinanderhängende Kugeln entstehen [→a]. Das Eigelb verquirlen, die Teigportionen damit bestreichen und diese nochmals 15 Minuten gehen lassen.

4. Die Förmchen in den vorgeheizten Ofen stellen und ca. 20 Minuten backen. In der Zwischenzeit die Himbeeren vorsichtig waschen, trocken tupfen und die Hälfte beiseitelegen.

5. Die Zitronenmelisse waschen, trocken schütteln und die Blättchen abzupfen. Zitronensaft mit der Hälfte der Himbeeren, Sahnequark und Honig mit einem Mixstab pürieren. Die ganzen Himbeeren vorsichtig untermischen, in eine Servierschale füllen und mit der Zitronenmelisse bestreuen [→b]. Nach Belieben mit Puderzucker bestäuben.

6. Die Mini-Brioche nach dem Backen kurz abkühlen lassen, danach aus den Förmchen nehmen. Sie lassen sich einige Tage, gut abgedeckt, im Kühlschrank aufbewahren. Vor dem Servieren dann kurz im Backofen erwärmen.

SO SCHMECKT'S AUCH Anstatt Himbeeren kann man für den Quark auch frische Erdbeeren oder gemischte Beeren, z. B. Himbeeren und Johannisbeeren verwenden.

Die Varianten

Mit Kirschpudding gefüllt
500 g süße Kirschen waschen und entsteinen. Mit 50 g Zucker und 100 ml Wasser aufkochen und abkühlen lassen. 3 EL Milch (von ¼ l abnehmen) mit ½ Päckchen Vanillepuddingpulver und 50 g Zucker glatt rühren und in ¼ l kochende Milch einrühren. Aufkochen, den Topf beiseiteziehen und den Pudding abkühlen lassen. Die Kirschen unterziehen. Die Brioche quer halbieren, mit Kirschpudding füllen, die zweite Hälfte wieder daraufsetzen. Den restlichen Pudding in Espressotassen füllen und mit Schokostreuseln bestreuen.

Mit Rhabarberpudding
500 g Rhabarber waschen, schälen und quer in 1 cm große Stücke schneiden. Mit 100 g Zucker und 100 ml Wasser 8–10 Minuten köcheln. Abkühlen lassen und unter den Vanillepudding (siehe oben) ziehen.

DAS IST *wirklich* WICHTIG

....

[a] BRIOCHE FORMEN Dreht man den Teig in die Förmchen, sollte man darauf achten, dass der Teig zusammenhängend bleibt und nicht einfach 2 Kugeln aufeinandergesetzt werden. So wird das Backergebnis gleichmäßiger. Dazu eine Teigportion in ein Förmchen geben und dabei aus dem Handgelenk die Finger in der Mitte vom Teig so drehen, dass dabei eine kleinere Kugel entsteht.

[b] ZUM DIPPEN Der Himbeerquark ist so zubereitet, dass die Brioche darin gedippt werden können. Für eine streichfähige Konsistenz etwas mehr Quark zugeben.

[a]

[b]

DAS IST
wirklich
WICHTIG

[a] KNÖDEL FORMEN Mit Fingerspitzengefühl die Kugeln auf der Hand platt drücken, dabei darauf achten, dass der Teig nicht zu dünn ist oder reißt und die Erdbeeren gut von der Teighülle umschlossen sind. Die geformten Knödel können Sie bis zum Kochen, mit Folie abgedeckt, im Kühlschrank lagern.

[b] IN BRÖSELN WENDEN Die fertigen Knödel direkt aus dem Wasser in die Pfanne geben, damit sie noch feucht sind und die Butterbrösel gut daran haften bleiben. Dabei die Pfanne schwenken, damit die Knödel von allen Seiten gleichmäßig umhüllt werden.

ERDBEERKNÖDEL
mit Aprikosensauce

EIN SÜSSER, FRUCHTIGER ABSCHLUSS, DER SICH EINFACH ZUBEREITEN UND MIT VERSCHIEDENEN FRÜCHTEN VARIIEREN LÄSST, ABER IN JEDEM FALL GUT ANKOMMT!

Zutaten für 4 Portionen

250 g kleine Erdbeeren

50 g zimmerwarme Butter

250 g Quark (40 % Fett.i.Tr.)

250 g Mehl

Salz

2 EL Butter

1 EL Zucker

4 EL Semmelbrösel

5 saftige Aprikosen

Zeitbedarf
▪ 40 Minuten

So geht's

1. Die Erdbeeren waschen, von den Stielen zupfen und mit Küchenpapier trocken tupfen. Butter, Quark, Mehl und 1 Prise Salz zu einem geschmeidigen Teig kneten.

2. Je 1 Portion Teig abstechen, zu einer Kugel formen und auf der Handfläche platt drücken. Darauf 1 Erdbeere geben und mit dem Teig umhüllen [→a].

3. Die Erdbeerknödel in siedend heißes Salzwasser geben und bei mittlerer Hitze 15–20 Minuten ziehen lassen.

4. Kurz vor Ende der Garzeit in einer größeren Pfanne die Butter schmelzen lassen und darin den Zucker auflösen. Semmelbrösel einstreuen und leicht bräunen lassen.

5. Die Erdbeerknödel mit einer Schaumkelle in die Pfanne geben und mit den Semmelbröseln überziehen [→b]. Vorsichtig herausnehmen und auf einer Servierplatte anrichten.

6. Die Aprikosen mit einem Sparschäler schälen, entkernen und mit einem Stabmixer pürieren. Die Erdbeerknödel entweder auf der Aprikosensauce anrichten oder diese separat dazu reichen..

Die Varianten

Aprikosenknödel
Den vorbereiteten Teig mit Aprikosen füllen und eine Erdbeersauce dazu reichen. Dazu die Aprikosen entkernen und stattdessen je 1 Stück Würfelzucker oder eine gehäutete Mandel in die Mitte geben. Die Erdbeeren mit 50 ml Prosecco oder Weißwein mit dem Stabmixer pürieren.

Quarkklößchen
Dafür den Teig ohne Füllung zu Klößchen formen und diese, wie im Rezept beschrieben, in Salzwasser garen und anschließend in den Semmelbröseln wenden. Die Aprikosensauce als Fruchtspiegel auf einem Teller verteilen. Die Erdbeeren in Stückchen schneiden und zusammen mit den Klößchen darauf anrichten.

SO SCHMECKT'S AUCH Die Erdbeeren mit je 2 Blättchen Zitronenmelisse in den Teig füllen. Die kalte Aprikosensauce mit einem Schuss Mandellikör (Amaretto) verfeinern und die Erdbeerknödel beim Servieren dann mit 2 EL Mandelblättchen, die in einer beschichteten Pfanne ohne Fett noch 1–2 Minuten gebräunt werden, garnieren.

COOLE DRINKS
mit und ohne Alkohol

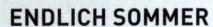

WASSER MIT GESCHMACK

Die Möglichkeiten, Wasser süß, herb, fruchtig oder mit Kräutern zu aromatisieren, sind vielfältig. Frisches, kaltes Leitungswasser in eine Karaffe füllen. 1–2 Scheiben (mit Schale) von 1 Bio-Orange, Bio-Zitrone oder -Limette dazugeben. Jeweils beim Auffüllen von frischem Wasser die Fruchtscheiben wieder wechseln. Oder frische Kräuter einlegen, wie z. B. gut gewaschene Stängel Minze, Petersilie, Oregano, Koriandergrün, Basilikum, Kerbel oder Dill.

APFEL-DRINK

Apfelsaft in der Eiswürfelschale gefrieren und zum Servieren mit 1 l gekühltem Apfelsaft und 1 l Mineralwasser in einer Karaffe vermischen. 2–3 Stängel frische Minze dazugeben. Sehr gut schmeckt es auch, wenn man den Apfelsaft durch Cidre (Apfelwein) ersetzt.

INGWERTEE

1 Kanne grünen Tee aufbrühen und auf Zimmertemperatur abkühlen lassen. 1 daumenlanges frisches Ingwerstück waschen und mit Schale in Scheibchen schneiden. Auf Gläser verteilen und mit grünem Tee aufgießen. An die Glasränder noch jeweils 1 Achtel von 1 Bio-Zitrone stecken.

MINZETEE MIT SORBET

1 Kanne Pfefferminztee kochen, leicht mit Zucker süßen und abkühlen lassen. Zum Servieren je 1 Kugel Zitronensorbet (fertig gekauft) in eine Sektschale oder einen Tumbler geben und mit Pfefferminztee aufgießen. Mit frischen Minzeblättchen garnieren.

KULLERPFIRSICH

In bauchige Gläser (Tumbler) je 1 gut gewaschenen, saftigen und süßen Pfirsich legen. Mit gekühltem Sekt oder Prosecco aufgießen. Eine kleine Gabel dazu servieren, mit der man den Pfirsich anpiekst – dadurch dreht er sich („kullert") und der Fruchtsaft verbindet sich mit dem Sekt. Man kann den Pfirsich mehrmals aufgießen und ihn dann zum Schluss essen.

PISCO LEMON

3 Bio-Zitronen auspressen und die Ränder von 4 Sektschalen darin eintauchen. Anschließend in Zucker drehen, um einen Zuckerrand zu erhalten. Je 2 Minze-Eiswürfel (dafür in jede Vertiefung einer Eiswürfelschale 1 Minzeblatt geben und im Tiefkühler gefrieren lassen) in 1 Sektschale geben. 80 ml Pisco (Traubenbranntwein) mit dem restlichem Zitronensaft und 200 ml gekühltem Sekt mischen und auf die Gläser verteilen.

KALTE ENTE

Die Schale von 1 Bio-Zitrone girlandenförmig sehr dünn (ohne weiße Haut) abschneiden und auf etwa 15 Eiswürfel in einem Bowlengefäß legen. 1 Flasche gekühlten, lieblichen Weißwein angießen und an einem kalten Ort noch 30 Minuten ziehen lassen. Zum Servieren mit 1 Flasche gekühltem Sekt aufgießen. Statt Weißwein kann man auch Mineralwasser mit Kohlensäure verwenden.

FRÜCHTESCHORLE

250 g frische Früchte (z. B. kleine, süße Weintrauben, Apfelstückchen, Erdbeeren, Himbeeren, Johannisbeeren) in breiten Gläsern verteilen. Mit einer Mischung aus ⅓ Rotwein (herb oder lieblich) und ⅔ Mineralwasser mit Kohlensäure aufgießen. Dazu kleine Gabeln reichen. Oder Cocktailsticker mit den frischen Früchten bestücken und in der Rotweinschorle servieren.

SEKT MIT ERBEEREN

Pro Sektglas 2–4 kleine, süße Erdbeeren mit gut gekühltem Rosésekt aufgießen und mit 1 Rosenblatt garnieren. Mit kleinen Cocktailstickern servieren.

ESPRESSO-FLIP
mit Marzipanlöffel

GENIESSEN SIE EINEN ESPRESSO NACH DEM ESSEN DOCH MAL IN
ETWAS ANDERER FORM: ALS FEINEN FLIP, DEKORATIV SERVIERT.

Zutaten für 4 Gläser

Für die Marzipanlöffel

120 g Marzipanrohmasse

2 Eiweiß (Größe M)

2 EL Milch

2 EL Mehl

Backpapier

Für die Creme

200 g Sahne

1 Päckchen Vanillezucker

600 g Vollmilchjoghurt

1 EL Kirschkonfitüre

1 Msp. gemahlener Zimt

1 Tasse kalter Espresso

2 TL Instant-Espresso

etwas Zucker

Backpapier

Puderzucker und Kakaopulver
zum Bestäuben

Zeitbedarf
- 40 Minuten

So geht's

1. Den Backofen auf 200 °C (Umluft 180 °C) vorheizen und ein Back-blech mit Backpapier auslegen. Das Marzipan in kleine Würfel schneiden und in einer Schüssel mit Eiweiß, Milch und Mehl zu einer geschmeidigen Masse rühren. Nicht mit den Händen ver-kneten, da sonst zu viel Marzipan daran kleben bleibt.

2. Eine Schablone in Form eines Kaffeelöffels ausschneiden und damit auf einem mit Backpapier ausgelegten Blech 4 Marzipan-löffel formen [→a]. 4–5 Minuten im vorgeheizten Ofen backen.

3. Das Blech aus dem Backofen nehmen. Die noch warmen Löffel einzeln vom Backpapier lösen, auf einen Kaffeelöffel drücken und wenn sie abgekühlt sind, vorsichtig davon lösen.

4. Für die Creme die Sahne mit Vanillezucker steif schlagen. Den Vollmilchjoghurt mit Kirschkonfitüre, Zimt, Espresso, Instant-Es-pressopulver und Zucker, je nach gewünschter Süße, gut verrüh-ren und die geschlagene Sahne unterheben.

5. Alles in Caffè-Latte-Gläser verteilen und üppig mit einer Mi-schung aus Puderzucker und Kakaopulver bestäuben. Je 1 Marzi-panlöffel quer über ein Glas legen und servieren.

Die Variante

Espressocreme
2 Blätter weiße Gelatine in kaltem Wasser einweichen. 150 g Crème double mit 2 EL Zucker und 1 EL Man-dellikör (Amaretto) kräftig verrühren. Die ausgedrückte Gelatine in einem aufge-brühten, heißen Espresso auflösen, nur kurz abkühlen lassen und dann ganz lang-sam unter die Creme rühren. Die Creme in 4 Espressotas-sen verteilen. Mit Klarsicht-folie abdecken und zum Durchkühlen für mindestens 2 Stunden in den Kühl-schrank stellen. Zum Servie-ren mit 4–8 zerbröselten Amaretti bestreuen. Nach Belieben mit etwas Puderzu-cker und mit Kakaopulver bestäuben.

SO SCHMECKT'S AUCH Sie können die Kirschenmarmelade auch durch Oran-gen-, Pfirsich- oder Aprikosenkonfitüre ersetzen. Gut schmeckt es auch, wenn man zusätzlich in jedes Glas 1 Kugel Joghurt- oder Mokka-Eis gibt.

DAS IST *wirklich* WICHTIG

[a] MARZIPANLÖFFEL Sie lassen sich am besten mit einer einfachen Schablone zubereiten, die man auf Backpapier legt. Den Marzipanteig einstreichen, die Schablone abnehmen und den nächsten Löffel, mit etwas Abstand, einstreichen. Man kann die Marzipanlöffel gut auf Vorrat backen und als Überraschung auch mal zum Espresso oder Cappuccino servieren.

[a]

GRÜNE GRÜTZE
mit Zimtsahne

Zutaten für 4 Portionen

- 300 g Stachelbeeren
- 1 Apfel (Boskop, Granny Smith)
- 3 Kiwis
- Saft von ½ Zitrone
- ¼ l Apfelsaft
- 50 g Zucker
- 1 Zimtstange
- 3 gestr. TL Speisestärke
- 200 g Sahne
- 2 EL Ahornsirup (oder Akazienhonig)
- ¼ TL Zimt

Zeitbedarf

- 30 Minuten +
  3 Stunden kühlen

So geht's

1. Die Stachelbeeren waschen. Den Apfel schälen, entkernen und in kleine Stücke schneiden. Die Kiwis schälen, vierteln und quer in Scheibchen schneiden.

2. Zitronensaft mit Apfelsaft und Zucker unter Rühren in einem breiten Topf aufkochen. Stachelbeeren, Apfelstücke und Zimtstange dazugeben und alles bei mittlerer Hitze 3 Minuten köcheln lassen.

3. Die Speisestärke mit 3 EL Saft aus dem Topf glatt rühren, die Früchtemischung unter Rühren damit binden und einmal aufkochen lassen. Die Zimtstange entfernen. Die Kiwischeiben dazugeben, bei ausgeschaltetem Herd noch 2 Minuten ziehen lassen.

4. Die grüne Grütze in eine Servierschale füllen, bei Zimmertemperatur noch einige Minuten abkühlen lassen, dann mit Klarsichtfolie abdecken und 3 Stunden in den Kühlschrank stellen.

5. Kurz vor dem Anrichten die Sahne mit Ahornsirup und Zimt kräftig durchrühren, in ein Servierkännchen füllen und mit der Grütze zusammen servieren.

Die Variante

Rote Grütze

200 g rote Johannisbeeren und je 100 g Erdbeeren, Himbeeren und Sauerkirschen waschen und verlesen. Die Johannisbeeren von den Stielen streifen, die Erdbeeren in kleinere Stücke schneiden, die Kirschen entsteinen. ¼ l Johannisbeersaft mit 50 g Zucker und 1 Zimtstange aufkochen. Johannisbeeren und Sauerkirschen einrühren und bei mittlerer Hitze 3 Minuten köcheln lassen. 3 gestr. TL Speisestärke mit 3 EL Saft glatt rühren, die Früchtemischung damit binden und aufkochen. Die Zimtstange entfernen. Himbeeren und Erdbeeren einrühren. Bei ausgeschaltetem Herd noch 2 Minuten ziehen lassen. In eine Schüssel füllen, kurz abkühlen lassen, für 3 Stunden abgedeckt in den Kühlschrank stellen. Mit Vanillesauce servieren. Evtl. mit 50 g gerösteten Kokosraspeln und 2 EL gehacktem Koriandergrün garnieren.

SO SCHMECKT'S AUCH Die Grütze kann man vor dem Servieren auch mit 50 g Mandelblättchen, in einer beschichteten Pfanne ohne Fett geröstet, bestreuen. Zusätzlich mit Zitronenmelisse garnieren oder die Melisseblättchen in Zitronensaft tauchen, in Puderzucker wenden, für 1 Stunde in das Gefrierfach legen und als Garnitur verwenden.

BEERENJOGHURT
geschichtet

Zutaten für 4 kleine Tassen

250 g gemischte frische Beeren (rote und weiße Johannisbeeren, Erdbeeren, Himbeeren)

300 g Vollmilchjoghurt

1 Spritzer Zitronensaft

Zucker oder Honig nach Belieben

ca. 12 Löffelbiskuits

100 ml Johannisbeerlikör (Cassis) oder -sirup

Für die Garnitur

Puderzucker

Himbeeren oder Johannisbeeren

frische Minzeblättchen

Zeitbedarf
- 20 Minuten +
  4–12 Stunden kühlen

So geht's

1. Die Beeren waschen, die Johannisbeeren von den Stielen streifen und auf Küchenpapier trocknen.

2. Den Joghurt mit Zitronensaft und Zucker abschmecken. Die Löffelbiskuits passend zu den Tassen schneiden. Die Tassenböden damit auslegen. Mit Johannisbeerlikör beträufeln. Eine Schicht Joghurt darüberstreichen und Beeren darauflegen.

3. Weiter einschichten, bis die Tassen voll sind, mit einer Schicht Joghurt abschließen. Die Oberfläche mit Puderzucker bestäuben, mit Klarsichtfolie abdecken und zum Durchziehen für mindestens 4 Stunden in den Kühlschrank stellen.

4. Kurz vor dem Servieren die Folien entfernen und die Tassen auf große Dessertteller stellen. Alles, auch die Teller, üppig mit Puderzucker bestäuben, mit Beeren und Minzeblättchen dekorieren.

MILCHREIS
mit Erdbeeren

Zutaten für 4 Portionen

600 ml Milch

Salz

Mark von 1 Vanilleschote

2 EL Zucker

2 Msp. abgeriebene Zitronenschale

150 g Milchreis

500 g Erdbeeren

2 EL Zitronenlikör (Limoncello)

200 g Sahne

gehackte Pistazien als Garnitur

besonderes Werkzeug
- Pürierstab

Zeitbedarf
- 20 Minuten +
  30 Minuten kochen

So geht's

1. Die Milch mit 1 Prise Salz, dem ausgekratzten Vanillemark, Zucker und Zitronenschale unter Rühren aufkochen. Den Reis einstreuen, kurz aufkochen lassen und bei kleiner Hitze ca. 30 Minuten ausquellen lassen.

2. Die Erdbeeren putzen, waschen und die Hälfte davon mit dem Zitronenlikör pürieren. Die restlichen Erdbeeren in Scheibchen schneiden, einige für die Garnitur ganz lassen. Die Sahne steif schlagen.

3. Die Schlagsahne unter den gut abgekühlten Milchreis heben und diesen abwechselnd mit den Erdbeerscheibchen in Gläser schichten. Zuletzt das Erdbeer-Püree darübergeben und mit den ganzen Erdbeeren garnieren. Die gehackten Pistazien darüberstreuen.

GARTENFESTE
feiern mit Freunden

SONNIGE SONNTAGNACHMITTAGE UND
LAUE SOMMERABENDE MACHEN LUST,
DRAUSSEN ZU FEIERN UND ZU GENIESSEN.
UND DAFÜR BRAUCHT MAN NATÜRLICH DIE
PASSENDEN KULINARISCHEN BEGLEITER.

SOMMER-BÜFFET

draußen feiern & genießen

WOCHENENDE, STRAHLEND BLAUER HIMMEL, VIELE GUT GELAUNTE GÄSTE UND IM GARTEN WARTET AN EINEM SCHATTIGEN PLATZ EIN REICHHALTIGES BÜFFET, DAS KEINE WÜNSCHE OFFEN LÄSST: SCHÖNER KÖNNTE ES NICHT SEIN – EIN SOMMERFEST-TRAUM.

Stand im ersten Kapitel der schön gedeckte Sommertisch im Mittelpunkt, so ist es hier das Büffet. Denn es ist ideal, wenn man viele Gäste bewirten möchte. Das meiste lässt sich gut im Voraus zubereiten und ist das Büffet erst einmal aufgebaut und sind die Getränke kalt gestellt, dann kann man sich ganz entspannt um seine Gäste kümmern. Denn die Devise lautet: locker und unkompliziert. Jeder bedient sich selbst, man sitzt mal da, mal dort, schaut immer wieder beim Büffet vorbei, um sich was Feines auf den Teller zu legen.

Ob ein Familienfest aus besonderem Anlass geplant wird oder ob man nur einfach mal wieder mit vielen Freunden einen schönen Sommerabend genießen möchte: Die Einladung dazu sollte etwa vier Wochen vorher verschickt werden. Dabei sollten nicht nur Ort und Uhrzeit angegeben sein, sondern auch der Anlass des Festes. Und die Gäste müssen sich darauf einstellen können, ob sie nur ein Umtrunk mit kleinen Häppchen erwartet oder ein reichhaltiges Büffet.

Gute Planung und perfekte Organisation im Vorfeld sind besonders wichtig, damit es für Gäste und Gastgeber ein gelungenes Fest in entspannter Atmosphäre wird. Deshalb empfiehlt es sich, To-do-Listen zu schreiben und ganz genau zu überlegen, was in welchem Zeitraum erledigt werden kann: wen lade ich ein, was gibt es zu essen und zu trinken, was brauche ich für die Dekoration, was kann man schon 1–2 Wochen vorher besorgen, was wird an frischen Lebensmitteln 1–2 Tage zuvor eingekauft, was muss man vorbestellen, was gibt es am Festtag selbst noch zu tun, wobei brauche ich Unterstützung?

CHECKLISTE

1. Einladungen vier Wochen vorher verschicken und um Rückmeldung bis spätestens 14 Tage vor dem Fest bitten, damit Sie planen können.
2. Wenn die Gästezusagen vorliegen, eine Liste für Essen und Getränke erstellen. Darauf achten, dass Fleisch, Fisch und Vegetarisches in ausgewogenem Verhältnis stehen.
3. Einkaufslisten erstellen. Getränke können schon 1–2 Wochen vorher gekauft werden. Überlegen, was rechtzeitig vorbestellt werden muss (bei Metzger, Fischhändler, Bäcker). Eine Liste für frische Zutaten, die man am Tag vor dem Fest noch besorgen muss.
4. Bei Bedarf Biertische und -bänke rechtzeitig für das Fest mieten. Ebenso große Sonnenschirme oder ein Partyzelt besorgen oder leihen, falls das Wetter nicht so ganz mitspielt.
5. Den Vorrat an Geschirr, Besteck, Gläsern, Flaschenöffnern und Korkenziehern überprüfen. Fehlende Teile besorgen oder ausleihen. Auch an Decken denken, falls es kühl werden sollte.
6. Die Dekoration planen: Braucht man Tischdecken aus Stoff oder Papier? Blumen oder Kräuter als Deko? Sind genügend Lampions, Windlichter, Kerzen oder Fackeln vorhanden?
7. Einen genauen Zeitplan aufstellen, wann was gekocht und vorbereitet werden soll. Am Tag vor dem Fest Kuchen und Brot backen und die Desserts zubereiten. Die Getränke kühl stellen. Den Nachbarn Bescheid geben, dass es etwas lauter werden kann.
8. Am Tag des Festes das Buffet aufbauen. Letzte Besorgungen erledigen und frühzeitig mit dem Kochen beginnen. Kurz vor dem Eintreffen der Gäste die Speisen auf dem Büffet anrichten. Die Getränke bereitstellen.

DAS BÜFFET

Gut geeignet sind stabile Biertische, die man ausleihen kann. Je nach Platzbedarf zwei davon zusammenstellen und mit großen Tischdecken, Bettlaken oder mit Dekostoffen, die es preiswert zu kaufen gibt, abdecken. Wer möchte, kann das Büffet auch noch mit einem kleinen Aufbau aus stabilen Kartons oder Ziegelsteinen strukturieren und ebenfalls mit einem Tuch abdecken.

Kurz bevor die Gäste kommen, wird das Büffet bestückt. Je nach Platz können Vorspeisen, Hauptgerichte und Dessert gleich komplett aufgebaut oder auch nacheinander angerichtet werden.

An den Anfang und am besten auch ans Ende des Büffets stellen Sie die gestapelten Teller und Servietten. Das Besteck – mit Griff nach oben – in Gefäße, z. B. Tontöpfe, stellen oder in Körbe legen. Genügend Teller und Besteck bereithalten, damit Sie nicht zwischendurch spülen müssen.

APERITIF

Bevor das Büffet eröffnet wird, gibt es einen Willkommens-Drink für die Gäste, die ja meist nach und nach eintreffen. Reichen Sie dazu schon mal, vor allem bei alkoholischen Getränken, ein paar Häppchen oder was zum Knabbern.

GETRÄNKE

Die Getränke und Gläser an einem separaten Tisch bereitstellen. Im Getränkeangebot sollten Sie Weißwein, Rotwein, Bier, Mineralwasser (mit und ohne Kohlensäure) und Fruchtsäfte haben. Die Getränke zum Kühlen in große Kübel oder Plastikwannen mit Crushed Ice, das es auch zu kaufen gibt, füllen. Gut dran ist, wer einen zweiten Kühlschrank für Getränke oder einen kühlen Keller hat.
Zum Nachtisch oder als Abschluss nimmt man sicher gerne einen Espresso. Dafür Tassen, Zuckerdose und Löffel auf einem Extra-Tisch bereitstellen.

KLEINE MENGENLEHRE

Grob geschätzt sollten Sie mit folgenden Mengen pro Person rechnen:
- 1–2 Gläser Sekt oder Prosecco
- 1 Flasche Wein
- 1 Flasche Wasser
- ½ Flasche Fruchtsaft

MAISKUCHEN
mit Petersilie

PIKANTE BROTE WIE DIESES NENNT MAN IN ENGLAND „CAKE" UND DAS WORT KUCHEN IST FÜR DAS WÜRZIGE, LOCKER-KRÜMELIGE MAISBROT AUCH ZUTREFFENDER.

Für 1 Kastenform (25 x 11 cm)

Butter und Mehl für die Form

½ Bund Petersilie

400 g Weizenvollkornmehl

400 g Maisgrieß (Polenta)

1 Päckchen Backpulver

½ l Milch

50 g zimmerwarme Butter

2 EL Honig Zucker

2 Eier (Größe M)

1 TL Meersalz

¼ TL Currypulver nach Geschmack

besonderes Werkzeug
▪ 1 Kastenform

Zeitbedarf
▪ 30 Minuten +
  40 Minuten backen +
  2 Stunden kühlen

So geht's

1. Den Backofen auf 200 °C (Umluft 180 °C) vorheizen. Eine Kastenform mit Butter ausstreichen und mit Mehl ausstäuben. Die Petersilie waschen, trocken schütteln, die Blättchen abzupfen und hacken.

2. Das Weizenvollkornmehl und den Maisgrieß zusammen mit Backpulver in eine Schüssel sieben. Milch, Butter, Honig, gehackte Petersilie, Eier, Meersalz und nach Geschmack Currypulver unterkneten [→a].

3. Den leicht feuchten Teig in die Kastenform füllen und auf die unterste Schiene in den vorgeheizten Backofen stellen. Ca. 40 Minuten backen.

4. Den fertigen Maiskuchen aus dem Ofen nehmen und zum Abkühlen auf ein Gitter stürzen. Erst danach in Scheiben schneiden [→b].

Passt gut zu herzhaften Aufstrichen (siehe z. B. Seite 54).

Die Varianten

Pikanter Maiskuchen
Dazu den Teig mit ½ TL gemahlenem Kurkuma würzen, dieses färbt auch das Brot leicht gelblich. Oder aber ½ TL Currypulver, ob mild oder etwas schärfer, unter den Teig mischen, dann schmeckt das Brot herzhafter.

Maiskuchen mit Chili
Sehr würzig wird das Brot, wenn dem Teig 2–3 Tropfen Tabascosauce, 1 kräftige Prise Cayennepfeffer oder 1 kleine, gehackte Chilischote beigemengt wird.

Maiskuchen mit Erdnüssen
Für diese südamerikanische Variante unter den Teig noch 50 g zerkleinerte ungesalzene Erdnüsse („Cacahuetes") mengen, die in einer beschichteten Pfanne etwas geröstet werden. Statt gehackter Petersilie das aromatische Koriandergrün verwenden. Beim Einfüllen in die Kastenform 1 kleine rote Chilischote in die Mitte des Teiges geben.

VORRAT Der Maiskuchen lässt sich gut portionsweise in Scheiben geschnitten einfrieren. Bei Bedarf die einzelnen Brotscheiben noch in gefrorenem Zustand im Toaster rösten.

[a]

DAS IST
wirklich
WICHTIG

....

[a] TEIG KNETEN Die Zutaten (Butter, Milch, Eier) sollen Zimmertemperatur haben, damit beim Kneten ein homogener Teig entsteht. Mit den Händen gelingt es am besten, denn so können sich die Zutaten besonders gut verbinden.

[b] ANSCHNEIDEN Da dieser Maiskuchen leicht krümelt, sollte man ihn vollständig auskühlen lassen und danach am besten mit einem elektrischen Messer oder mit einem scharfen Brotmesser in Scheiben schneiden.

[b]

AUFGESTRICHEN
Feines fürs Brot

KLEINE APPETITHÄPPCHEN FÜR JEDEN GESCHMACK: AUF GERÖSTETEM WEISSBROT, BAGUETTE ODER AUCH AUF KERNIGEM VOLLKORNBROT SIND DIESE AUFSTRICHE IDEAL ZUM APERITIF ODER AUCH ALS KLEINE VORSPEISE GEEIGNET.

LACHSTATAR

3 Tomaten waschen, kreuzweise einschneiden, überbrühen, häuten und entkernen. Das Fruchtfleisch in kleine Würfel schneiden. 4 Stängel Dill waschen, trocken schütteln, von den Stängeln zupfen und hacken. 1 Schalotte schälen und hacken. 500 g Lachsfilet ohne Haut (Sushi-Qualität) waschen, trocken tupfen und in sehr kleine Würfel schneiden. Zusammen mit 1 EL Zitronensaft, 3 EL Olivenöl, Tomatenwürfel, Dill und Schalotte locker vermengen. Mit Meersalz und Pfeffer würzen und in einer Servierschale anrichten. 1 EL Kapern darüberstreuen. Bis zum Servieren das Tartar gut gekühlt lagern.

ZIEGENKÄSE-AUFSTRICH

½ Bund Schnittlauch waschen, trocken schütteln und in Röllchen schneiden. 1 Knoblauchzehe abziehen und fein hacken. 250 g Ziegenkäse (z. B. Bougon, Tomme de Chèvre, Banon) in einer Schüssel mit einer Gabel zerdrücken und mit 3 EL Olivenöl cremig rühren. Schnittlauch und Knoblauch unterrühren und mit Salz und Pfeffer würzen.

MINZE-QUARK

500 g Quark in einem Baumwolltuch gut ausdrücken, damit das Wasser abläuft. Den Quark mit Salz nach Geschmack verkneten und mit angefeuchteten Händen ca. 20 kleine Kugeln formen. Je 1 Kugel auf 1 Minzeblatt anrichten und mit Zitronenpfeffer und schwarzem, grob geschroteten Pfeffer bestreuen.

GEFLÜGELLEBER-CREME

1 Schalotte abziehen und sehr fein würfeln, in 4 EL Olivenöl andünsten. 300 g gehackte Hühnerleber und 8 fein geschnittene Salbeiblätter dazugeben und unter Rühren 1 Minute braten. Mit 2 EL Marsala oder Madeira ablöschen, mit 50 ml Gemüse- oder Hühnerbrühe beträufeln und ca. 10 Minuten schmoren. Abkühlen lassen, mit Salz und Pfeffer würzen und mit dem Stabmixer pürieren.
Man kann zusätzlich auch noch 1 EL Kapern und 2 Sardellenfilets in einem Sieb kalt abspülen, trocken tupfen, hacken und kurz mit der Hühnerleber mitschmoren.
Schmeckt gut auf geröstetem Weißbrot.

CURRYHUHN MIT APFEL

Das Fleisch von ½ gegrillten oder gekochten Hähnchen (ca. 250 g) ohne Haut in sehr kleine Würfelchen schneiden. 150 g Vollmilchjoghurt mit ¼ TL Currypulver und 50 g Kräuter-Crème-fraîche glatt rühren. 1 säuerlichen Apfel schälen, Kerngehäuse entfernen, Apfel in feine Stifte schneiden und mit 1 TL Zitronensaft unter die Joghurtcreme rühren. Das Hähnchenfleisch unterheben und alles mit Salz und Pfeffer würzen.

TAPENADE

250 g entkernte schwarze Oliven, 1 EL Kapern, 2–3 Anchovis und 3 EL Olivenöl fein pürieren, mit etwas abgeriebener Zitronenschale und Pfeffer abschmecken.
Schmeckt besonders gut auf geröstetem Brot.

PAPRIKA-CREME MIT TOMATE

2 rote Paprikaschoten halbieren, entkernen und mit den Schnittflächen auf ein mit Backpapier ausgelegtes Blech legen. Im vorgeheizten Backofen bei 200 °C ca. 20 Minuten garen, bis die Haut Blasen wirft. Herausnehmen, kurz mit einem feuchten Tuch abdecken. Danach häuten und grob zerschneiden. Mit 4 EL Olivenöl und 1 EL Sherryessig pürieren. 1 klein gewürfelte, entkernte Fleischtomate, 1 gewürfelte Knoblauchzehe und 1 TL fein gehacktes Estragon oder Rosmarin unterziehen. Mit Meersalz, schwarzem Pfeffer aus der Mühle, je 1 Msp. rosenscharfem und edelsüßem Paprikapulver und 1 Prise Zucker würzen. Mit Folie abgedeckt 1 Stunde im Kühlschrank ziehen lassen.
Statt der Paprikaschoten kann man auch 1 halbierte Aubergine (ca. 300 g) im Backofen garen, häuten und das Fruchtfleisch pürieren.

BULGURSALAT
mit Tomaten und Paprika

KURZE GARZEIT, OFFEN FÜR VIELE KOMBINATIONEN UND GEWÜRZE: DIE HARTWEIZEN-
KÖRNER SIND EINE IDEALE UND GUT SÄTTIGENDE GRUNDLAGE FÜR KÖSTLICHE SALATE.

Zutaten für 4–6 Portionen

200 g Bulgur

5 EL Olivenöl

Meersalz

Pfeffer aus der Mühle

½ l Gemüsebrühe (Instant)

3 Tomaten

1 rote Paprikaschote

½ Salatgurke

3 Frühlingszwiebeln

1 Chilischote

1 TL Kreuzkümmel

1 TL Korianderkörner

1 Prise Zimt

1 kleines Bund Minze

1 kleines Bund Koriander oder
glatte Petersilie

2 EL Pinienkerne

4 EL Zitronensaft

evll. 1–2 EL Berberitzen

Zeitbedarf
▪ 40 Minuten

So geht's

1. Den Bulgur in einem Topf in 1 EL Olivenöl glasig andünsten, mit Salz und Pfeffer würzen, mit Gemüsebrühe aufgießen und zugedeckt bei kleiner Hitze 10 Minuten ziehen lassen. Danach abkühlen lassen.

2. Die Tomaten waschen, halbieren, Stielansatz und Kerne entfernen. Das Fruchtfleisch in kleine Würfel schneiden. Die Paprikaschote putzen, das Kerngehäuse entfernen, die Schote klein würfeln. Die Gurke schälen, entkernen und ebenfalls in kleine Würfel schneiden. Die Frühlingszwiebeln putzen, halbieren und in feine Ringe schneiden. Die Chilischote halbieren, entkernen und in feine Streifen schneiden.

3. Die klein geschnittenen Zutaten – Chili je nach Schärfe und Geschmack verwenden – unter den abgekühlten Bulgur mischen. Den Kreuzkümmel und Koriander im Mörser zerstoßen und zusammen mit dem Zimt unterrühren.

4. Minze und Koriander oder Blattpetersilie waschen, trocken schütteln und grob hacken. Die Pinienkerne ohne Fett in einer Pfanne leicht rösten [→a]. Zitronensaft und restliches Olivenöl verrühren, über den Bulgursalat geben. Mit Salz und Pfeffer abschmecken. Die Kräuter unterheben, die Pinienkerne und die Berberitzen über den Salat streuen [→b].

SO SCHMECKT'S AUCH Statt Bulgur kann man für den Salat auch Couscous (Hartweizengrieß) oder auch Grünkern verwenden. Die kleinen halbreifen (grünen) Dinkelkörner, die durch das Trocknen einen nussig-würzigen Geschmack bekommen, müssen allerdings über Nacht eingeweicht und anschließend ca. 40 Minuten gekocht werden.

Die Variante

Bulgur mit Johannisbeeren. Den Bulgur, wie im Rezept beschrieben, in Gemüsebrühe garen und abkühlen lassen. Je 150 g frische Sojabohnenkeimlinge und abgeperlte Johannisbeeren locker untermengen und in einer Schüssel anrichten. Vor dem Servieren 50 g Rucola waschen, trocknen, klein schneiden und dazugeben. 3 EL Walnussöl und 3 EL Sherryessig vermengen und löffelweise über den Salat geben. Mit Salz, Pfeffer aus der Mühle und 1 Prise Zucker abschmecken.

[a]

DAS IST *wirklich* WICHTIG

[a] DIE PINIENKERNE schmecken geröstet besonders aromatisch. Dafür eine Pfanne ohne Fett erhitzen und die Kerne bei mittlerer Hitze unter Rühren goldgelb anrösten. Dabei darauf achten, dass sie nicht zu dunkel werden.

[b] DER BULGURSALAT lässt sich sehr gut vorbereiten. Die Frühlingszwiebeln aber immer erst kurz vor dem Servieren untermischen und den Salat nochmal mit Salz, Pfeffer, Zitrone und Olivenöl abschmecken.

GARNELEN
im Radieschenbeet

Zutaten für 4 Portionen

½ Bund Schnittlauch oder etwas Radieschengrün

1 Bund Radieschen

150 g Naturjoghurt

150 g saure Sahne

1 TL Zitronensaft

Salz, Pfeffer aus der Mühle

je 1 Msp. edelsüßes und rosenscharfes Paprikapulver

300 g gekochte, geschälte Garnelen

Zeitbedarf
- 20 Minuten

So geht's

1. Den Schnittlauch waschen, trocken schütteln und in Röllchen schneiden. Oder etwas Radieschengrün waschen und in feine Streifen schneiden. Die Radieschen putzen, waschen und feinblättrig schneiden oder auf dem Küchenhobel in Scheibchen hobeln. Auf vier Tellern breitflächig anrichten.

2. Den Joghurt mit saurer Sahne und Zitronensaft verrühren und kräftig mit Salz, Pfeffer sowie den beiden Paprikasorten würzen. Die Hälfte der Schnittlauchröllchen oder vom Radieschengrün und die Garnelen unterziehen.

3. Die Joghurt-Sauce über die Radieschen verteilen und mit dem restlichen Schnittlauch oder mit Radieschengrün garnieren.

TOMATENSALAT
mit Pfifferlingen

Zutaten für 4 Portionen

500 g Pfifferlinge

1 Zwiebel

½ Bund glatte Petersilie

100 g Kochschinken

1 EL Butter

Salz, Pfeffer aus der Mühle

100 ml Gemüsebrühe (Instant)

500 g Cocktailtomaten

2 Frühlingszwiebeln

1 EL Sherryessig

Zeitbedarf
- 30 Minuten

So geht's

1. Die Pfifferlinge putzen und evtl. in kleinere Stücke schneiden. Die Zwiebel abziehen und hacken. Die Petersilie waschen, trocken schütteln, die Blättchen abzupfen und fein hacken. Den Schinken würfeln.

2. Die Butter in einer beschichteten Pfanne erhitzen und Zwiebel- und Schinkenwürfel darin 2 Minuten andünsten. Die Pfifferlinge hinzufügen und so lange braten, bis die Flüssigkeit verdampft ist.

3. Die Pfifferlinge mit Salz und Pfeffer würzen und mit Gemüsebrühe aufgießen. 2 Minuten einkochen lassen, dann die Pfanne vom Herd nehmen und die Pfifferlinge abkühlen lassen.

4. Die Cocktailtomaten waschen, evtl. halbieren. Die Frühlingszwiebeln putzen und in Ringe schneiden. Alle Zutaten locker vermengen und nochmals mit Salz, Pfeffer und Sherryessig abschmecken. Gut durchziehen lassen

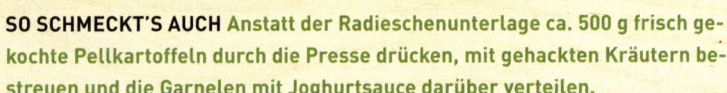

SO SCHMECKT'S AUCH Anstatt der Radieschenunterlage ca. 500 g frisch gekochte Pellkartoffeln durch die Presse drücken, mit gehackten Kräutern bestreuen und die Garnelen mit Joghurtsauce darüber verteilen.

SO SCHMECKT'S AUCH Statt Tomaten 250 g saftige Aprikosen entkernen, in Streifen schneiden und mit den Pfifferlingen vermengen.

KARTOFFELSALAT
mit Salatgurke

Zutaten für 4 Portionen

800 g festkochende Kartoffeln

Salz

1 kleine Zwiebel

½ Bund glatte Petersilie

1 TL Butter

200 ml Fleisch- oder Gemüsebrühe

3 EL Pflanzenöl

1 EL weißer Essig

Pfeffer aus der Mühle

250 g Salatgurke

Zeitbedarf
- 30 Minuten + 30 Minuten garen

So geht's

1. Die Kartoffeln waschen und in wenig Salzwasser ca. 30 Minuten garen. Die Zwiebel schälen und fein hacken. Die Petersilie waschen, trocken schütteln, die Blättchen abzupfen und hacken.

2. Die Butter in einer Pfanne erhitzen und darin die Zwiebelwürfel glasig dünsten. Mit Brühe aufgießen, aufkochen lassen und die Pfanne vom Herd ziehen.

3. Die fertig gegarten Kartoffeln abgießen, abkühlen lassen, schälen und in Scheibchen schneiden. In eine Schüssel geben und mit warmer Zwiebelbrühe begießen.

4. Den Kartoffelsalat mit Öl, Essig, Salz und Pfeffer anmachen. Kurz vor dem Servieren die Gurke schälen und fein hobeln. Locker unter den Salat mengen, mit Petersilie bestreuen.

ZUCCHINISALAT
mit Weintrauben

Zutaten für 4 Portionen

500 g Zucchini

2 EL Olivenöl

1 Prise zerstoßener Koriander

Salz, Pfeffer aus der Mühle

1–2 EL Mango Chutney (Glas)

150 g kleine süße Weintrauben

50 g Walnusskerne

Zeitbedarf
- 30 Minuten

So geht's

1. Die Zucchini waschen und die Stielansätze entfernen. Die Zucchini längs halbieren, evtl. entkernen und in Streifen schneiden.

2. Die Zucchinistreifen in einer Pfanne in Olivenöl kurz anschwenken und mit einer Prise Koriander, Salz und Pfeffer würzen. Etwas abkühlen lassen und dann mit dem Mango Chutney verrühren.

3. Die Weintrauben waschen, mit Küchenpapier trocken tupfen und mit den Zucchinistreifen vermischen. In einer Schale anrichten.

4. Die Walnusskerne in einer Pfanne ohne Fett kurz anbräunen. Abkühlen lassen, hacken und dann über die Zucchini-Weintrauben-Mischung streuen.

Schmeckt gut mit Blattsalaten kombiniert.

SO SCHMECKT'S AUCH Statt Gurke 500 g bissfest gegarten und in Stücke geschnittenen Spargel sowie 100 g gewürfelten gekochten Schinken mit den Kartoffeln vermengen. 3 EL Salatmayonnaise mit 2–3 EL Spargelkochwasser verrühren. Unter den Salat ziehen. Mit Salz und Pfeffer abschmecken, mit Kresse garnieren.

DAS IST
wirklich
WICHTIG

[a] SALATGURKEN bestehen zu über 80 % aus Wasser. Durch das Einsalzen wird ihnen einiges davon entzogen und der Geschmack wird konzentrierter. Danach sorgfältig mit Küchenpapier abtupfen.

[b] LACHSFILET Das Wälzen im gemörserten Koriander gibt dem Lachs einen aromatischen Kick. Pikante Variante: Dafür die Fischwürfel in einer Mischung aus 1 TL gemörserten Korianderkörnern und 1 TL grünen Pfefferkörnern wenden.

[b]

KALTE GURKENSUPPE
mit Koriander-Lachs

DAS ERFRISCHENDE SÜPPCHEN LÄSST SICH SEHR GUT IM VORAUS ZUBEREITEN UND
WÄHREND DER KÜHLZEIT KANN SICH DER GURKENGESCHMACK RICHTIG ENTFALTEN.

Zutaten für 4 Portionen

2 Salatgurken (ca. 500 g)

1 kleine, rote Paprikaschote

Salz

4 Stängel Dill

150 g Kräuter-Crème-fraîche

1 TL Zitronensaft

Pfeffer aus der Mühle

250 g Lachsfilet ohne Haut

1 EL Korianderkörner

1 EL Butter

2–3 EL trockener Weißwein

1 Msp. Cayennepfeffer

besonderes Werkzeug
- Mixer oder Pürierstab

Zeitbedarf
- 30 Minuten

So geht's

1. Die Salatgurken waschen, schälen, längs halbieren und entkernen. Fruchtfleisch in grobe Stücke schneiden, leicht salzen und 10 Minuten stehen lassen [→a]. Die Paprikaschote waschen, entkernen und in kleine Würfel schneiden.

2. Den Dill waschen, trocken schütteln, von den Stängeln zupfen und hacken. Die Gurkenstücke mit Küchenpapier trocken tupfen und mit Kräuter-Crème-fraîche und Zitronensaft im Mixer oder mit dem Pürierstab pürieren. Mit Pfeffer würzen, mit Folie abdecken und in den Kühlschrank stellen.

3. Das Lachsfilet in ca. 1 cm große Würfel schneiden und mit Salz und Pfeffer würzen. Den Koriander im Mörser zerstoßen und die Lachsstücke darin wälzen [→b].

4. Die Butter in einer Pfanne erhitzen und darin die Lachsstücke von allen Seiten 1–2 Minuten braten. Mit Weißwein beträufeln und die Pfanne beiseiteziehen.

5. Die Lachsstücke in Gläser oder Schalen verteilen. Die Gurkensuppe kräftig durchrühren, Dill und Paprikastücke unterheben und über die Lachsstücke verteilen. Leicht mit Cayennepfeffer bestäuben.

Die Varianten

Mit Seezungenröllchen
2 küchenfertige Seezungenfilets längs halbieren. Mit etwas Zitronensaft, Salz und Pfeffer würzen, aufrollen und mit je 1 Zahnstocher befestigen. In einer Pfanne 2 EL Olivenöl erhitzen und darin die 4 Fischröllchen von allen Seiten 3–4 Minuten braten. Nach Belieben Streifen von 1 gehäuteten Tomate kurz mitschwenken. Auf 4 Suppentassen oder Gläser verteilen (die Zahnstocher vorher entfernen) und dann mit der kalten Gurkensuppe auffüllen.

Mit Sahnehäubchen
Dafür 50 g Mascarpone mit 50 g saurer Sahne und mit ½ TL Currypulver verrühren. Oder 100 g geschlagene Sahne mit 1 EL gehackter Petersilie und etwas abgeriebener Zitronenschale vermischen. Je einen Klecks auf die Süppchen verteilen.

DAS AUGE ISST MIT Die Gurkensuppe kann man sehr dekorativ mit Kapuzinerkresseblüten aus dem Garten garnieren, die man auch mitessen kann. Oder man streut 2 klein geschnittene Zucchiniblüten auf das Süppchen. Gut passen auch grob geriebene Radieschen mit etwas klein geschnittenem Radieschengrün gemischt.

PFIFFERLINGKUCHEN
vom Blech

WAS WÄRE DER SOMMER OHNE FRISCHE PFIFFERLINGE. AUF KNUSPRIGEM HEFETEIG, MIT KÄSE ÜBERBACKEN – EIN HERZHAFTER GENUSS.

Zutaten für 1 Backblech

400 g Weizenmehl

1 Würfel Hefe (42 g)

1 Prise Zucker

1 Zwiebel

2 Knoblauchzehen

½ Bund Petersilie

3 EL Olivenöl

1 TL Salz

600 g frische Pfifferlinge

1 EL Butter

Meersalz

Pfeffer aus der Mühle

Mehl für die Arbeitsfläche

Olivenöl für das Blech

100 g geriebener Gouda (oder Pizzakäse, Mischung aus Mozzarella und Parmesan)

Zeitbedarf
- 50 Minuten +
  40 Minuten ruhen +
  20 Minuten backen

So geht's

1. Das Weizenmehl in eine Schüssel sieben, in die Mitte eine Mulde drücken, die Hefe hineinbröckeln, 1 Prise Zucker darüberstreuen und mit 200 ml lauwarmem Wasser begießen. Mit etwas Mehl vom Rand bestäuben, mit einem Tuch abdecken und an einem warmen Ort ca. 20 Minuten gehen lassen.

2. In der Zwischenzeit die Zwiebel und die Knoblauchzehen abziehen und fein hacken. Die Petersilie waschen, trocken schütteln, die Blättchen abzupfen und fein hacken.

3. Den Vorteig mit 2 EL Olivenöl und Salz zu einem geschmeidigen Teig kneten. Mit etwas Mehl bestäuben, mit einem Tuch abdecken und an einem warmen Ort nochmal 20 Minuten gehen lassen.

4. Die Pfifferlinge putzen, größere Pilze in Stücke schneiden [→a]. In einer Pfanne die Butter schäumend erhitzen und darin Zwiebeln und Knoblauch glasig andünsten.

5. Die Pfifferlinge einstreuen und einige Minuten braten [→b]. Mit Meersalz und Pfeffer würzen, die Petersilie unterrühren und die Pfanne beiseiteziehen.

6. Den Backofen auf 220 °C (Umluft 200 °C) vorheizen und ein Backblech mit Olivenöl bestreichen. Den Vorteig auf einer bemehlten Arbeitsfläche auswellen und das Backblech damit auskleiden.

7. Die Pfifferlinge auf dem Teig verteilen, mit 1 EL Olivenöl beträufeln, den Käse darüberstreuen und den Kuchen im vorgeheizten Backofen 20–25 Minuten backen.

Die Varianten

Mit Schinken
Herzhafter schmecken die Pfifferlinge, wenn 100 g gewürfelter Räucherspeck oder luftgetrockneter Schinken (z. B. Parmaschinken) in der Pfanne mitgebraten wird. Anstatt Petersilie gemischte Gartenkräuter verwenden.

Mit Gemüse
1–2 klein gewürfelte rote Paprikaschoten mit der gedünsteten Pfifferlingspfanne locker vermengen und auf den Teigboden streuen. Oder aber die Pfifferlinge mit 150 g klein geschnittenen Kirschtomaten vermengen.

Mit Rucola
100 g Rucola waschen, quer in kleinere Stücke schneiden und kurz vor dem Servieren über den frisch gebackenen Pfifferlingskuchen streuen.

SO SCHMECKT'S AUCH Besonders saftig wird der Pfifferlingskuchen, wenn man vor dem Belegen mit Pilzen die Teigfläche mit 100 g Schmand bestreicht. Die Käsemischung kann auch durch eine Sauce hollandaise ersetzt werden, die sich auch gut überbacken lässt.

DAS IST *wirklich* WICHTIG

[a] **PILZE PUTZEN** Die Pfifferlinge mit einem Pinsel reinigen oder mit einem Tuch abreiben. Beim Einkaufen darauf achten, kleine und trockene Pilze zu bekommen, die keine dunkelbraunen, trockenen Stellen haben und nicht glasig-weich sind.

[b] **PFIFFERLINGE BRATEN** Die Pilze so lange braten, bis die ganze Flüssigkeit in der Pfanne verdampft ist. Das kann etwa 5–7 Minuten dauern.

[b]

[a]

DAS IST
wirklich
WICHTIG

[a] LAUCH PUTZEN Das Wurzelbüschel und die dunkelgrünen, welken Teile abschneiden. Da sich Erd- und Sandreste zwischen den Schichten sammeln können, den Lauch am besten längs aufschlitzen und sorgfältig unter fließendem Wasser waschen. Danach die Lauchstangen quer in Stücke schneiden.

[b] ÜBERGIESSEN Die Eier-Milch-Sahne-Mischung langsam und gleichmäßig über Lauch und Tomaten geben, damit sie sich gut verteilen kann.

[b]

LAUCHTARTE
mit Olivenragout

SAFTIGER LAUCH MIT TOMATEN, AUF MÜRBEN TEIG GEBETTET, DAZU EIN
WÜRZIGES RAGOUT – SCHMECKT WARM UND KALT UND NICHT NUR VEGETARIERN!

Für 1 Tarteform (Ø 28 cm)

250 g Mehl

1 Päckchen Backpulver

1 Prise Salz

1 Ei (Größe M)

1–2 EL Milch

100 g zimmerwarme Butter

Butter für die Form

2 EL Semmelbrösel

Für die Füllung

500 g Lauch

1 EL Butter

Salz, Pfeffer aus der Mühle

4 aromatische Tomaten

2 Eier, 2 Eigelb (Größe M)

1 EL Speisestärke

je 200 ml Milch und Sahne

1 Msp. gem. Muskatnuss

100 g geriebener Emmentaler

Zeitbedarf
- 40 Minuten +
  30 Minuten ruhen +
  40 Minuten backen

So geht's

1. Mehl mit Backpulver und Salz auf eine Arbeitsplatte sieben und in die Mitte eine Mulde drücken. Ei und Milch hineingeben, Butter in Flöckchen auf den Mehlrand geben. Daraus rasch einen Teig kneten und in Klarsichtfolie gewickelt 30 Minuten kühl stellen.

2. In der Zwischenzeit den Lauch putzen und waschen [→a]. Die Lauchstangen quer in 1 cm dicke Scheiben schneiden. Die Butter schäumend erhitzen und die Lauchstücke 5–7 Minuten andünsten. Mit Salz und Pfeffer würzen und die Pfanne beiseite ziehen.

3. Die Tomaten in kochendem Wasser blanchieren, häuten und in Scheiben schneiden. Den Teig auf einer bemehlten Arbeitsfläche knapp 5 mm dick und entsprechend rund zur Tarteform auswellen. Die Form mit Butter ausstreichen und mit dem Teig bis zum Rand hoch auskleiden. Den Boden mehrmals mit einer Gabel einstechen und gleichmäßig mit Paniermehl ausstreuen.

4. Den Backofen auf 200 °C (Umluft 180 °C) vorheizen. Eier und Eigelbe verquirlen. Die Speisestärke mit etwas Milch glatt rühren, mit restlicher Milch, Sahne und verquirlten Eiern verrühren. Mit Muskatnuss, Salz und Pfeffer würzen.

5. Die abgekühlten Lauchstücke in der Form verteilen und mit Käse bestreuen. Die Tomatenscheiben kreisförmig darauf anrichten und alles mit der Sahne-Milch-Eier-Mischung überziehen [→b]. Die Tarte ca. 40 Minuten backen.

6. Die fertige Lauchtarte aus dem Backofen nehmen und vor dem Anschneiden mindestens 15 Minuten ruhen lassen.

Dazu passt gemischter Salat und ein Glas gut gekühlter, trockener Weißwein.

EIN OLIVENRAGOUT schmeckt besonders gut zur Lauchtarte. Dafür 1 gehackte Schalotte in 1 EL Olivenöl andünsten. Mit 1 Prise Zucker bestreuen, gut durchrühren und die Pfanne vom Herd ziehen. 200 g schwarze Oliven entsteinen und in Streifen schneiden. 100 g getrocknete, in Öl eingelegte Tomaten sehr klein schneiden. Je ½ Bund gehackte Petersilie und Basilikum mit 2 EL Olivenöl, den Oliven und Tomaten unter den Pfanneninhalt rühren. Mit Salz und Pfeffer würzen und in eine Sauciere füllen.

FEINE HÄPPCHEN
für alle Fälle

ALS KLEINE VORSPEISE, ALS BESTANDTEIL EINES KALTEN BUFFETS ODER EINFACH FÜR ZWISCHENDURCH – DIESE KLEINEN KÖSTLICHKEITEN KOMMEN IMMER GUT AN. DIE ZUTATEN SIND JEWEILS FÜR 4 PORTIONEN BERECHNET.

MOZZARELLA-SPIESSE

250 g aromatische, kleine Strauchtomaten oder Kirschtomaten abwechselnd mit 150 g Büffel-Mozzarella, in Stückchen geschnitten, sowie je 2 frische Basilikumblättchen auf je 1 Cocktailspieß (oder auch Zahnstocher) stecken und auf einen Teller legen. Mit 2–3 EL nativem Olivenöl extra beträufeln und mit Salz und Pfeffer würzen. Mit Folie abdecken und bei Zimmertemperatur etwa 30 Minuten ziehen lassen.

DATTELBISSEN

12 Datteln (besonders gut schmecken die großen, saftigen Medjool-Datteln) entkernen und anstatt der Kerne Mandeln oder Walnusshälften einsetzen. Je 1 Dattel mit 1 Scheibe Frühstücksspeck, Pancetta oder Coppa di Parma umwickeln, auf ein mit Backpapier belegtes Blech legen. Im vorgeheizten Backofen bei 180 °C mit Grillstufe ca. 5–8 Minuten grillen. Die Datteln schmecken auch mit Käse (z.B. Ziegenweichkäse, Gorgonzola dolce) statt mit Nüssen gefüllt, sehr lecker.

CASSIS-FEIGEN

4 frische Feigen vierteln, mit etwas Johannisbeerlikör (Cassis) beträufeln und mit je 1–2 Blättchen Basilikum und hauchdünn geschnittenem Lammschinken belegen.

SCHINKEN-MELONE

1 kleine, süß-saftige Cantaloupe-Melone schälen, entkernen und in 8 Spalten schneiden. Mit hauchdünn geschnittenen Schinkenscheiben (Parma oder San Daniele) umwickeln. Mit frischen Minzeblättchen garnieren.

ACETO-APFEL

2 große, säuerliche Äpfel schälen, mit einem Rundausstecher das Kerngehäuse entfernen und in sehr dünne Scheibchen hobeln (auf einem Küchenhobel). Diese breitflächig auf vier Teller verteilen und mit 100 g Parmesanspänen belegen. Eine Mischung aus 3 EL Olivenöl und 1 EL Aceto balsamico darüber träufeln und mit Salz und Pfeffer würzen.

AVOCADO MIT GEWÜRZNÜSSEN

100 g Haselnussblättchen mit je 1 kräftigen Prise gemahlenem Sesam, Koriander, Kreuzkümmel, Salz und Pfeffer aus der Mühle vermengen. Auf ein mit Backpapier ausgelegtes Backblech verteilen und bei 180 °C im Backofen 6–8 Minuten rösten. Sobald es duftet, aus dem Ofen nehmen, kurz abkühlen lassen, danach mit dem Saft von 1 Zitrone (auch Orange passt), 2 EL Olivenöl und 1 EL Petersilienblättchen locker vermischen. 2 reife Avocados schälen, in Scheiben schneiden und auf einer Servierplatte anrichten. Mit 250 g gehäuteten, entkernten Tomatenwürfeln bestreuen und die Gewürznüsse darübergeben.

GRISSINI MIT SCHINKEN

Aus 500 g Mehl, ca. 300 ml lauwarmem Wasser, 20 g frischer Hefe, Salz und 3 EL Olivenöl einen geschmeidigen Teig kneten, mit einem Tuch abgedeckt 30 Minuten gehen lassen. Den Teig zu einer Rolle formen, in gleich große Stücke teilen, zu langen, kleinfingerdicken Stangen rollen, auf ein mit Backpapier belegtes Blech legen. 15 Minuten zugedeckt gehen lassen. Den Backofen auf 220 °C vorheizen. Die Grissini 15–20 Minuten knusprig goldbraun backen. Auf einem Kuchengitter auskühlen lassen. Zum Servieren dann mit hauchdünn geschnittenem Parmaschinken umwickeln. Man kann auch gehackte Kräuter (Oregano, Thymian) oder 50 g fein gehackte getrocknete Tomaten unter den Grissini-Teig kneten.

KLASSISCHES CARPACCIO

400 g rohes Rinderfilet in sehr dünne Scheiben schneiden. Diese mit Abstand zwischen 2 Lagen Klarsichtfolie legen und mit der glatten Seite eines Fleischklopfers vorsichtig plattieren. 4 Teller dünn mit Olivenöl bestreichen, Filet darauf breitflächig auslegen, mit dem Saft von ½ Zitrone und 3 EL Olivenöl beträufeln. 100 g frische Steinpilze feinblättrig schneiden und zusammen mit 50 g gehobelten Parmesanspänen über das Fleisch streuen. Mit Salz und Pfeffer aus der Mühle würzen.
Dazu passt frisches Ciabatta-Brot.

SCHWEINEFILET
mit Paprika

Zutaten für 4 Portionen

500 g Schweinelende

1 rote Paprikaschote

Salz, Pfeffer aus der Mühle

4 EL Olivenöl

1 kleine, rote Chilischote

1 TL Zucker

Saft von 1 Zitrone

12 Schaschlikspieße

Zeitbedarf

- 30 Minuten +
  1 Stunde marinieren

So geht's

1. Das Fleisch in gleichmäßige, kleine Stücke schneiden. Die Paprikaschote waschen, halbieren, entkernen und in Stücke, passend zum Fleisch schneiden.

2. Fleischwürfel und Paprikastücke abwechselnd auf die Spieße stecken und mit Salz und Pfeffer würzen. Das Olivenöl in einer Pfanne erhitzen und die Spieße darin von allen Seiten 5–7 Minuten braten.

3. Die Chilischote waschen, entkernen und fein würfeln. Mit Zucker und Zitronensaft verrühren. Die gebratenen Fleischspieße in eine Schale geben, mit der Chili-Zitronensaft-Mischung übergießen, abdecken und mindestens 1 Stunde marinieren lassen. Die Spieße schmecken kalt und gut durchgezogen besonders lecker.

SCHWEINEFILET
mit Backpflaumen

Zutaten für 4 Portionen

½ Bund gemischte Gartenkräuter (Petersilie, Thymian, Majoran, Rosmarin, Oregano)

100 g Backpflaumen

1 Schweinefilet (etwa 500 g)

Salz, Pfeffer aus der Mühle

5 dünne Scheiben Frühstücksspeck

Zeitbedarf

- 40 Minuten

So geht's

1. Die Kräuter waschen, trocken schütteln, die Blättchen abzupfen und fein hacken. Die Backpflaumen entsteinen und in kleine Würfel schneiden. Den Backofen auf 200 °C (Umluft 180 °C) vorheizen und ein Blech mit Alufolie auslegen.

2. Das Schweinefilet von Häuten und Sehnen befreien und auf der Oberseite längs ca. 1 cm tief einschneiden. Die zerkleinerten Backpflaumen in diesen Einschnitt füllen. Das Filet rundherum mit Salz und Pfeffer würzen und in den Kräutern wälzen. Mit den Speckscheiben fest umwickeln.

3. Das Schweinefilet auf das Backblech legen und unter mehrmaligem Wenden 25–30 Minuten im vorgeheizten Backofen garen. Das Blech aus dem Ofen nehmen und das Fleisch 10 Minuten ruhen lassen. Dann schräg in 1–2 cm dicke Scheiben schneiden.

HACKFLEISCH-STRUDEL
mit Champignons

Zutaten für 4–6 Portionen

Für den Teig

300 g Mehl

Salz

100 ml Wasser

3 EL Pflanzenöl

1 Ei (Größe M)

Für die Füllung

2 Möhren

1 Zwiebel

½ Bund Oregano

500 g Champignons

2 EL Butter

500 g gemischtes Hackfleisch

Salz, Pfeffer aus der Mühle

Backpapier

100 g saure Sahne

100 g Semmelbrösel

2 Eigelb (Größe S)

2 EL Milch (oder Wasser)

Zeitbedarf
▪ 40 Minuten +
  30 Minuten ruhen +
  40 Minuten backen

So geht's

1. Das Mehl in einer Schüssel mit 1 Prise Salz vermischen. Eine Mulde in die Mitte drücken, 100 ml lauwarmes Wasser, Pflanzenöl und Ei hineingeben. Zu einem glatten Teig verkneten, in 2 Portionen teilen und jeweils zu einer Kugel formen. Mit einem Küchentuch abdecken und 30 Minuten ruhen lassen.

2. In der Zwischenzeit die Möhren waschen, schälen und in Stifte schneiden. Die Zwiebel abziehen und fein hacken. Oregano waschen, trocken schütteln, abzupfen und hacken. Die Champignons putzen, je nach Größe halbieren oder vierteln.

3. Die Butter in einer Pfanne erhitzen, Möhren, Zwiebel und Champignons 3–4 Minuten andünsten. Das Hackfleisch zugeben, unter Rühren krümelig braten, mit Salz und Pfeffer würzen. Die Pfanne beiseiteziehen und die Füllung etwas abkühlen lassen.

4. Den Backofen auf 200 °C (Umluft 180 °C) vorheizen und ein Backblech mit Backpapier auslegen. Die Teigkugeln auf einer bemehlten Arbeitsfläche zu Rechtecken von ca. 30 x 40 cm ausrollen. Dann vorsichtig über beide Handrücken nach allen Seiten hauchdünn ausziehen, darauf achten, dass der Teig nicht reißt. Ein großes Küchentuch mit Mehl bestäuben und den Strudelteig darauflegen. Die dicken Ränder abschneiden.

5. Die Teigflächen mit saurer Sahne bestreichen, mit Semmelbröseln und Oregano bestreuen, dabei rundherum 2 cm Rand frei lassen. Die Gemüse-Hackfleisch-Füllung auf den Teigplatten verteilen, die Ränder einschlagen und die Strudel mithilfe des Tuches aufrollen und auf das Backblech legen.

6. Eigelbe mit Milch verquirlen und die Strudel damit rundherum bepinseln. Auf mittlerer Schiene im Backofen ca. 40 Minuten backen. Kurz abkühlen lassen, dann in ca. 2 cm dicke Scheiben schneiden.

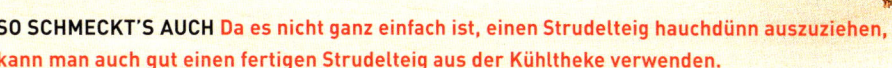

SO SCHMECKT'S AUCH Da es nicht ganz einfach ist, einen Strudelteig hauchdünn auszuziehen, kann man auch gut einen fertigen Strudelteig aus der Kühltheke verwenden.

REIS-GEMÜSE-TOPF
mit Fisch und Garnelen

WIE BEI EINER PAELLA KOMMEN AUCH BEI DIESEM GERICHT LAUTER LECKERE
ZUTATEN IN EINEN TOPF UND WERDEN ZUSAMMEN GESCHMORT.

Zutaten für 4–6 Portionen

1 Zwiebel

3 Knoblauchzehen

2 rote Paprikaschoten

100 g Chorizo (span. Salami)

400 g Zuckerschoten

Salz

4 EL Olivenöl

250 g Langkornreis

Pfeffer aus der Mühle

1 Msp. gemahlener Safran

je 2 Msp. edelsüßes und rosenscharfes Paprikapulver

3 EL trockener Sherry
(oder Weißwein)

600 ml Gemüsebrühe (Glas)

400 g Seehechtfilet

4 rohe Riesengarnelen mit
Schale

1 EL Zitronensaft

2 EL gehackte glatte Petersilie

Zeitbedarf
▪ 30 Minuten +
  30 Minuten garen

So geht's

1. Die Zwiebel und die Knoblauchzehen abziehen und hacken. Die Paprikaschoten waschen, vierteln, Stiel und Kerngehäuse entfernen, die Schoten in ca. 1 cm große Würfel
schneiden. Die Chorizo grob würfeln.

2. Die Zuckerschoten waschen und in Salzwasser 1 Minute blanchieren. Abgießen, kalt
abschrecken und quer in kleinere Stücke schneiden. Den Backofen auf 200 °C (Umluft
180 °C) vorheizen.

3. Das Olivenöl in einem Bräter erhitzen und darin unter Rühren Zwiebel, Knoblauch und
Chorizo 2 Minuten braten. Den Reis einstreuen, 2 Minuten rühren und die Paprikawürfel
hinzufügen. Alles mit Salz, Pfeffer, Safran und Paprikapulver würzen und mit Sherry
ablöschen.

4. Den Bräterinhalt mit Brühe aufgießen und aufkochen lassen. In den vorgeheizten Ofen
schieben und den Reistopf 20 Minuten garen.

5. In der Zwischenzeit die Fischfilets waschen und in ca. 2 cm große Stücke schneiden.
Die Riesengarnelen der Länge nach durchschneiden, waschen und dabei den Darm
entfernen [→a]. Fischstücke und Garnelen mit Zitronensaft beträufeln und mit Salz und
Pfeffer würzen.

6. Den Bräter aus dem Ofen nehmen. Petersilie, Fisch, Riesengarnelen und Zuckerschoten unter den Reis mischen [→b]. Den Bräter mit Alufolie abdecken und für weitere
10 Minuten in den Ofen schieben. Den fertig gegarten Fisch-Reis im Bräter servieren.

SO SCHMECKT'S AUCH Statt Seehechtfilet kann man auch Filets von Lachs, Kabeljau, Scholle oder
Tilapia verwenden. Auch die Gemüsesorten kann man variieren und Zucchini, Staudensellerie,
Fenchel, Möhren oder grüne Bohnen mitgaren. Statt Chorizo kann man mageren Räucherspeck
nehmen. Wer es schärfer haben möchte, brät 1 frische, gewürfelte Chilischote mit. Zusätzlich
kann man auch noch 4 Hähnchenschenkel anbraten und mitgaren.

[a]

DAS IST
wirklich
WICHTIG

[a] GARNELEN VORBEREITEN Manche Garnelen haben am Rücken, an der gebogenen Seite, den Darm, einen dünnen schwarzen Faden. Er lässt sich ganz einfach entfernen, wenn man das Garnelenfleisch oberhalb leicht einschneidet. Danach gründlich waschen und trocken tupfen.

[b] TIMING IST WICHTIG Fisch und Garnelen werden nicht von Anfang an mitgegart, damit sie saftig bleiben. Ebenso die Zuckerschoten, sie sollen noch bissfest sein.

KRÄUTER
ERST GANZ
ZUM SCHLUSS
ZUGEBEN

DAS IST
wirklich
WICHTIG

[a] KRÄUTER immer erst zum Schluss unterrühren. Wenn sie zu lange garen, verlieren sie an Geschmack, werden oft bitter und manche Kräuter, wie z. B. Basilikum, verlieren ihre grüne Farbe und werden unappetitlich grau.

[b] EINSCHICHTEN Die Tomatensauce und gegebenenfalls die Bechamelsauce gleichmäßig verteilen und darauf achten, dass die Nudelblätter auch am Rand mit genügend Flüssigkeit bedeckt sind.

[a]

SPINAT-LASAGNE
mit Tomaten

PFLÜCKFRISCHER SPINAT UND GARTENKRÄUTER WERDEN ZWISCHEN NUDEL-
BLÄTTER GESCHICHTET, GEBACKEN UND ZUM SCHLUSS MIT RUCOLA GARNIERT.

Zutaten für 4 Portionen

500 g frische Spinatblätter

Salz

1 Bund gemischte Kräuter
(Basilikum, Petersilie, Oregano)

1 kg Tomaten

4 Knoblauchzehen

2 Zwiebeln

3 EL Olivenöl

1 EL Honig

1 Prise Cayennepfeffer

Pfeffer aus der Mühle

9 Nudelblätter für Lasagne

150 g Mozzarella

100 g Sahne

100 g Rucola

Zeitbedarf
- 1 Stunde +
  35 Minuten garen

So geht's

1. Die Spinatblätter putzen, waschen und in kochendem Salzwasser kurz blanchieren. Abgießen, kalt abschrecken und abtropfen lassen. Die Kräuter waschen, trocken schütteln, die Blättchen abzupfen und hacken.

2. Die Tomaten kreuzweise einritzen, in kochendem Salzwasser blanchieren, kalt abschrecken, häuten, entkernen und in Stücke schneiden. Knoblauchzehen und Zwiebeln schälen und hacken.

3. 2 EL Olivenöl erhitzen und Knoblauch und Zwiebeln darin glasig andünsten. Tomatenstücke zugeben und mit Honig, Cayennepfeffer, Salz und Pfeffer würzen. Bei kleiner Hitze ca. 20 Minuten leise köcheln lassen. Danach ⅔ der Kräuter einrühren [→a].

4. Den Backofen auf 200 °C (Umluft 180 °C) vorheizen und eine Auflaufform mit 1 EL Olivenöl ausstreichen. Auf den Boden der Form Tomatensauce gießen. Darauf Nudelblätter legen und diese mit Tomatensauce überziehen.

5. Die Hälfte der Spinatblätter darauf verteilen, mit Tomatensauce überziehen, wieder Nudelplatten darübergeben und mit dem restlichen Spinat belegen. Dann wieder Tomatensauce, die letzten Nudelblätter und mit Tomatensauce abschließen [→b].

6. Den Mozzarella in Scheiben schneiden und die Lasagne damit belegen. Die restlichen Kräuter darüberstreuen und mit Sahne beträufeln. Die Auflaufform in den vorgeheizten Backofen schieben und die Lasagne in ca. 35 Minuten überbacken. Zum Servieren Rucola waschen, trocken schütteln, klein schneiden und über den Auflauf streuen.

Dazu passen eingelegte Artischockenherzen und gemischte Oliven.

Die Varianten

Mit Bechamelsauce
25 g Mehl und 25 g Butter farblos anschwitzen, dann mit ½ l Milch aufgießen und unter Rühren einige Minuten kochen lassen. Damit die eingeschichteten Nudelblätter begießen. Die Lasagne wird dadurch noch cremig-saftiger.

Mit Fleischsauce
Beim Anschwitzen von Zwiebeln und Knoblauch auch 200 g gemischtes Hackfleisch mit anbraten. Dann die Tomaten, wie im Rezept angegeben, zufügen.

Mit getrockneten Tomaten
100 g getrocknete, in Olivenöl eingelegte Tomaten fein hacken und als Würzmittel unter die fertige Tomatensauce mischen.

PEPERONI-HÄHNCHEN
mit Zitrone

SAFTIGE HÄHNCHENKEULEN, GESCHMORT MIT PEPERONI, TOMATEN UND KRÄUTERN: LASSEN SICH GUT VORBEREITEN UND SIND AUCH KALT EIN GENUSS.

Zutaten für 4 Portionen

4 Hähnchenkeulen (à 200 g)

Salz, Pfeffer aus der Mühle

4 Schalotten

4 Knoblauchzehen

4 Fleischtomaten (ca. 800 g)

4 grüne Peperoni (scharf oder mild)

2 Zweige Rosmarin

4 EL Olivenöl

Saft von 1 Bio-Zitrone

25 g Kräuterbutter

Zeitbedarf
- 15 Minuten + ca. 50 Minuten garen

So geht's

1. Die Hähnchenkeulen waschen, mit Küchenpapier trocken tupfen und mit Salz und Pfeffer würzen. Die Schalotten abziehen und in Viertel schneiden. Die Knoblauchzehen abziehen.

2. Die Fleischtomaten waschen und an den Oberflächen kreuzweise einschneiden [→a]. Die Peperoni ganz lassen, auch die Stiele nicht entfernen, waschen und trocken tupfen. Die Rosmarinzweige waschen und trocken schütteln. Den Backofen auf 200 °C (Umluft 180 °C) vorheizen.

3. Die Hähnchenkeulen in einem Bräter in 2 EL Olivenöl 3–4 Minuten von allen Seiten bei großer Hitze kräftig anbraten. Den Bräter beiseiteziehen.

4. Die Schalotten, die Knoblauchzehen, die Fleischtomaten und die Peperoni in den Bräter zu den gebratenen Hähnchenkeulen legen. 2 EL Olivenöl und den Zitronensaft darüberträufeln [→b]. Die Rosmarinzweige darauflegen und die Kräuterbutter in Flöckchen darübergeben.

5. Den Bräter mit einem Deckel verschließen und in den vorgeheizten Backofen auf die mittlere Schiene stellen. Die Hähnchenkeulen 45–50 Minuten garen.

Dazu schmecken Bratkartoffeln und ein grüner Blattsalat sehr gut.

Die Variante

Mit Kartoffeln
Zusätzlich noch 12 kleine, gleich große Kartoffeln schälen und mit in den Bräter geben. Man muss die Hähnchenkeulen auch nicht unbedingt vorher anbraten, sondern kann sie mit allen Zutaten in den Bräter geben und mit 4 EL Olivenöl beträufeln. Das Fleisch bleibt so besonders zart, die Garzeit verlängert sich allerdings um ca. 15 Minuten.

ES GEHT AUCH OHNE BACKOFEN Alle Zutaten im Topf zusätzlich mit 100 ml warmer Gemüsebrühe begießen. Den Topf mit einem Deckel gut verschließen und das Hähnchen-Gericht bei mittlerer Hitze auf dem Herd ca. 50 Minuten schmoren lassen.

DAS IST
wirklich
WICHTIG

[a] TOMATEN EINSCHNEIDEN Die Tomaten sind im Backofen großer Hitze ausgesetzt und würden unschön aufplatzen. Deshalb werden sie vor dem Garen an der Oberseite kreuzweise eingeschnitten.

[b] DIE SAUCE, die beim Schmoren aus dem Bratensaft in Kombination mit Zitrone, Kräutern, Olivenöl und Peperoni entsteht, ist ideal für dieses leichte, sommerliche Gericht.

[a]

BOWLEN
verführerisch gut

BESONDERS FÜR SOMMERLICHE FESTE SIND BOWLEN DER IDEALE DRINK:
FRISCHE FRÜCHTE DER SAISON, MIT LIKÖR, WEIN ODER SEKT KOMBINIERT,
LASSEN SICH GUT VORBEREITEN UND GUT GEKÜHLT SERVIEREN.

ROSENBOWLE

2 Handvoll ungespritzte Rosenblütenblätter (z.B. Reseda-Rosen) gründlich kalt waschen, abtropfen lassen und in eine Glasschüssel legen. Mit 2–3 EL Weinbrand oder Cognac beträufeln, mit 1 Flasche trockenem, leichtem Weißwein begießen. Mit Folie abdecken und über Nacht im Kühlschrank ziehen lassen. Vor dem Servieren durch ein Haarsieb in ein gekühltes Bowlengefäß gießen. Mit je 1 Flasche sehr gut gekühltem Weißwein (dieselbe Sorte wie zum Ansetzen der Bowle verwenden) und Sekt aufgießen. Ein paar frische Rosenblätter in die Bowlengläser legen.

SCHWIMMENDE GÄNSEBLÜMCHEN

In ein eisgekühltes Bowlengefäß je 1 Flasche gut gekühlten Weißwein und Sekt oder Prosecco gießen. 1 Handvoll Gänseblümchenblüten (ohne Stängel) unter fließend kaltem Wasser gründlich waschen, mit Küchenpapier abtupfen und kurz vor dem Servieren in die Bowle geben. Ebenfalls essbare Alternativen sind Stiefmütterchen und Kapuzinerkresseblüten. Als Geschmacksakzent 4 in Zuckersirup eingelegte Hibiskusblüten dazugeben.

GURKENBOWLE

200 g Zucker in 100 ml kochendes Wasser einrieseln lassen und unter Rühren auflösen. Den Topf beiseiteziehen und die Zuckerlösung abkühlen lassen. 1 Bio-Salatgurke waschen und in dünne Scheiben hobeln. In ein gut gekühltes Bowlengefäß geben, mit der Zuckerlösung sowie je 1 Flasche gekühltem, leichtem Weißwein und Sekt aufgießen. Sofort servieren.

MELONENBOWLE

Eine reife Ogen-Melone halbieren, entkernen und aus dem Fruchtfleisch mit einem Rundausstecher Kugeln ausstechen. In ein eisgekühltes Bowlengefäß die girlandenförmig abgeschälte Schale von 1 Bio-Orange geben und mit je 1 Flasche gut gekühltem, lieblichem Weißwein und 1 Flasche Sekt aufgießen. Die Melonenkugeln einlegen, ein paar frische Minzeblättchen dazugeben und sofort servieren.

ERDBEERBOWLE

250 g kleine, süße, reife (aber nicht überreife) Erdbeeren waschen und mit 1 EL Zucker bestreut in ein eisgekühltes Bowlengefäß legen. Mit 1 Flasche Rotwein aufgießen, mit Folie abdecken und 1 Stunde im Kühlschrank ziehen lassen. Zum Servieren mit 1 Flasche eisgekühltem Sekt aufgießen. Zusätzlich noch einige frische Erdbeeren in Gläser verteilen und mit der Bowle aufgießen.

APFELBOWLE MIT PFIRSICH

2 säuerliche Äpfel in mundgerechte Stückchen schneiden, mit 2–3 EL Calvados begießen und mit 2 Flaschen eisgekühltem Apfelwein (Cidre) aufgießen. Frische Pfirsichspalten in Gläser geben und mit Apfelbowle aufgießen.

AROMATISIERTE EISWÜRFEL

Sie sind nicht nur dekorativ, sondern kühlen die Bowle auch gut. Sie sind auch ideal, um Mineralwasser zu aromatisieren. Dazu einfach in Eiswürfelbehälter Kräuterblättchen (Minze, Petersilie, Oregano, Borretsch, Kerbel, Kresse) oder Gänseblümchen und Kapuzinerkresse legen, mit Wasser auffüllen und gefrieren lassen. Auch leichte Weißweine eignen sich für Eiswürfel. Mit Mineralwasser lässt sich daraus eine gut gekühlte Weinschorle herstellen.

BLECHKUCHEN
mit Kirschen

SÜSSE KIRSCHEN, AM BESTEN VOM EIGENEN BAUM ODER AUCH AUS NACHBARS
GARTEN, WERDEN MIT MANDELN IN FEINEN RÜHRTEIG EINGEBETTET.

Zutaten für 1 Backblech

1 kg Süßkirschen

100 g Mehl

1 Päckchen Backpulver

250 g gemahlene Mandeln

50 g Butter

8 Eiweiß (Größe M)

200 g Zucker

1 Päckchen Vanillezucker

100 g Mandelstifte

Puderzucker zum Bestäuben

besonderes Werkzeug
- elektrisches Handrührgerät

Zeitbedarf
- 40 Minuten +
  30 Minuten backen +
  1 Stunde kühlen

So geht's

1. Die Kirschen verlesen, entstielen und waschen [→a]. Über einem Sieb abtropfen lassen, entsteinen und bereitstellen [→b]. Mehl und Backpulver miteinander versieben und 200 g gemahlene Mandeln untermischen. Die Butter in einem kleinen Topf bei schwacher Hitze langsam schmelzen lassen, dann den Topf vom Herd ziehen.

2. Den Backofen auf 200 °C (Umluft 180 °C) vorheizen. Das Backblech mit 1 EL flüssiger Butter ausstreichen und mit 50 g gemahlenen Mandeln ausstreuen.

3. Die Eier trennen, dabei 2 Eiweiße für den späteren Gebrauch in den Kühlschrank stellen. 6 Eiweiße mit 200 g Zucker mit einem elektrischen Handrührgerät auf höchster Stufe einige Minuten schaumig aufschlagen.

4. Die Mandel-Mehl-Mischung langsam unter die schaumige Eiweißmasse heben und darauf achten, dass alles gut durchgemischt ist. Zuletzt die restliche flüssige Butter unterziehen.

5. Den Teig mit einem Spatel auf das Backblech streichen. Die Kirschen gleichmäßig darüberstreuen. Die beiden Eiweiße aus dem Kühlschrank nehmen und mit 50 g Zucker sowie 1 Päckchen Vanillezucker aufschlagen. Die Mandelstifte unterziehen und die Masse über den Kuchen verteilen [→c].

6. Das Backblech auf die mittlere Schiene in den vorgeheizten Backofen schieben und den Kirschkuchen knapp 30 Minuten backen. Herausnehmen und abkühlen lassen. In Stücke schneiden, auf einer Kuchenplatte anrichten und mit Puderzucker bestäuben.

SO SCHMECKT'S AUCH Der Rührteig kann mit 1 EL Mandellikör (Amaretto) oder mit 1 EL Kirschschnaps oder Kirschsaft aromatisiert werden. Als Belag kann man auch 1 kg Rhabarber putzen, waschen und quer in ca. 2 cm große Stücke schneiden und auf dem Teig verteilen.

DAS IST *wirklich* WICHTIG

[a] WELCHE KIRSCHEN? Mit Herzkirschen schmeckt der Kuchen besonders gut. Man kann aber auch Süßweichseln oder Sauerkirschen nehmen. Außerhalb der Saison gut abgetropfte Sauerkirschen aus dem Glas verwenden.

[b] KIRSCHEN ENTSTEINEN Mit einem speziellen Entsteiner geht es am besten. Anderenfalls die Kirschen am Stengelansatz entkernen, damit sie nicht zu sehr „zerfleddert" werden. Kirschsaft an den Händen lässt sich mit Zitronensaft gut entfernen.

[c] EIWEISS mit Zucker sehr schaumig schlagen und löffelweise über dem Kuchen verteilen.

[c]

DAS IST
wirklich
WICHTIG

[a] AUFSCHLAGEN Eier, Zucker und Zitrone müssen so lange kräftig aufgeschlagen werden, bis die Masse hellgelb und merklich dick verbunden ist.

[b] MIT MANDELN AUSSTREUEN Die Mandelblättchen gleichmäßig auf dem Teigboden verteilen. Sie passen nicht nur geschmacklich sehr gut zur Füllung, sondern sorgen dafür, dass sie den Boden nicht durchnässt.

[c] DIE FÜLLUNG vorsichtig auf den Mandelboden gießen. Die Puderzuckerschicht, die man darüberstäubt, gibt der zitronigen Säure zusätzlich einen kleinen karamellisierenden Kick.

[c]

ZITRONENKUCHEN
mit Mandeln

DER DUFT DES SÜDENS, ZITRONIG UND SÜSS: EIN KUCHEN, DER, FALLS ETWAS ÜBRIG BLEIBEN SOLLTE, AUCH NOCH NACH EIN PAAR TAGEN WUNDERBAR SAFTIG SCHMECKT.

Für 1 Springform (Ø 28 cm)

Für den Teig

200 g Mehl

100 g kalte Butter

100 g Zucker

2 Eigelb (Größe M)

Schale von 1 Bio-Zitrone

Salz

Für die Füllung

Butter und Mehl für die Form

5 Eier (Größe M)

Schale und Saft von 2 Bio-Zitronen

150 g Zucker

100 g zerlassene Butter

Mehl für die Arbeitsfläche

100 g Mandelblättchen

Puderzucker zum Bestäuben

besonderes Werkzeug
- 1 Springform

Zeitbedarf
- 30 Minuten +
  1 Stunde kühlen +
  40 Minuten backen

So geht's

1. Das Mehl auf eine Arbeitsfläche sieben, in die Mitte eine Mulde drücken, die Butter in kleinen Stückchen, Zucker, Eigelbe, Zitronenschale und Salz hineingeben. Mit kalten Händen rasch einen Mürbeteig kneten, zu einer Kugel formen und in Folie verpackt für 1 Stunde in den Kühlschrank geben.

2. Die Springform mit Butter ausfetten und mit Mehl ausstäuben. Den Backofen auf 200 °C (Umluft 180 °C) vorheizen. Für die Füllung die Eier mit der abgeriebenen Zitronenschale, dem Saft von ½ Zitrone sowie dem Zucker aufschlagen [→a]. Nach und nach die kalte Butter und den restlichen Zitronensaft unterrühren.

3. Den Mürbeteig auf einer bemehlten Arbeitsfläche auswellen und die Springform damit auslegen, am Rand 2–3 cm hochziehen. Den Teigboden mit Mandelblättchen bestreuen [→b] und diese leicht andrücken.

4. Die Füllung löffelweise darübergeben und zum Abschluss die Oberfläche mit etwas Puderzucker bestäuben [→c]. Den Kuchen in den vorgeheizten Backofen schieben und 35–40 Minuten backen. Anschließend herausnehmen, vollständig abkühlen lassen und mit Puderzucker bestäubt servieren.

Dazu passt, als zwar eine etwas üppige, aber mit dem leicht säuerlichen Aroma wunderbar harmonierende Ergänzung eine Schokoladenmousse, die man, in ein Espressotässchen gefüllt, zum Kuchen servieren kann.

Die Variante

Mit Quark-Beeren-Füllung
Den Mürbeteig statt mit der Zitronenfüllung mit einer Quarkmischung belegen. Dafür 2 EL Grieß mit 50 g weicher Butter, 2 EL Zucker, 2 Eigelben und 500 g Magerquark gründlich verrühren, 2 steif geschlagene Eiweiß unterheben. Den Kuchen etwa 1 Stunde backen und anschließend gut auskühlen lassen. 500 g gemischte Sommerbeeren (Blaubeeren, Himbeeren, Erdbeeren, Johannisbeeren) verlesen, waschen und mit Küchenpapier abtupfen. Die Beeren auf dem abgekühlten Kuchen verteilen. Mit 1 Päckchen weißem oder rotem Tortenguss (nach Packungsanleitung), vermischt mit ¼ l weißem oder rotem Traubensaft und 50 g Zucker, überziehen und bis zum Servieren kühl stellen. Den Kuchenrand üppig mit der Zitronenmelisse dekorieren.

BEEREN-TERRINE
mit Joghurt

EIN WUNDERBAR CREMIGES DESSERT MIT SONNENGEREIFTEN SOMMERBEEREN, DAS NICHT NUR VERFÜHRERISCH GUT AUSSIEHT, SONDERN AUCH SO SCHMECKT.

Für 1 Kastenform (2 l Inhalt)

9 Blatt weiße Gelatine

Klarsichtfolie

250 g gemischte rote Beeren (z. B. Himbeeren, Erdbeeren, Johannisbeeren)

3 Eigelb (Größe M)

500 g Vollmilchjoghurt

100 g Quark

100 g Zucker

Saft von ½ Zitrone

250 g Sahne

frische Früchte als Garnitur

Minzeblättchen

besonderes Werkzeug

▪ 1 Kastenform

Zeitbedarf

▪ 20 Minuten +
  3 Stunden kühlen

So geht's

1. Die Gelatine in kaltem Wasser einweichen. Eine Kastenform mit Klarsichtfolie so auskleiden, dass die Enden überall großzügig überlappen [→a].

2. Die Früchte verlesen, waschen und mit Küchenpapier sorgfältig abtupfen. Größere Erdbeeren eventuell kleiner schneiden.

3. Die Eigelbe mit Joghurt, Quark, Zucker und Zitronensaft cremig rühren. Die Schlagsahne steif schlagen.

4. Die Gelatine ausdrücken und tropfnass in der Mikrowelle auflösen. Oder die ausgedrückte Gelatine in eine größere Schöpfkelle geben und kurz in heißes Wasser tauchen, ohne dass dieses in die Schöpfkelle fließen kann. Die aufgelöste Gelatine unter die Joghurtcreme rühren und vollständig glatt rühren. Zuletzt die Früchte und die Schlagsahne unterziehen.

5. Die Früchte-Joghurt-Mischung in die vorbereitete Kastenform füllen, glatt streichen und mit der überlappenden Klarsichtfolie abdecken. Zum Gelieren für mindestens 3 Stunden in den Kühlschrank stellen.

6. Zum Servieren die Form auf eine Platte stürzen, die Folie abziehen und die Joghurt-Terrine in Scheiben schneiden [→b]. Auf Tellern verteilen und mit Früchten nach Belieben und ein paar frischen Minzeblättchen garnieren.

Die Variante

Himbeer-Tiramisu

Das Dessert wird in 4 Cappuccino- oder Kaffeetassen geschichtet. 400 g Mascarpone (alternativ 300 g Vollmilchjoghurt und 100 g Sahnequark) mit Saft und abgeriebener Schale von ½ Bio-Orange sowie 50 g Zucker cremig rühren. Nach Belieben 1 TL Zitronenmelisseblättchen, in Streifen geschnitten, unterheben. 8–12 Löffelbiskuits, je nach Tassengröße, zurechtschneiden. Die Tassenböden mit je einer Schicht Löffelbiskuits auslegen und mit einer Mischung aus Himbeerlikör und Prosecco (oder Weißwein) beträufeln. Mit Joghurt-Quark bestreichen, darauf Himbeeren verteilen und weiterschichten, bis die Tasse gefüllt ist. Den Abschluss bildet die Creme, darauf üppig Puderzucker stäuben und mit Himbeeren garnieren.
Statt Himbeeren kann man auch gemischte Beeren verwenden.

DAS IST
wirklich
WICHTIG

[a] KLARSICHTFOLIE Darauf achten, dass die Folie beim Auskleiden glatt in der Form anliegt, damit die fertige Beeren-Terrine dann nach dem Stürzen keine „Knitterfalten" hat.

[b] TERRINE STÜRZEN Die Terrine muss wirklich fest sein, damit sie gestürzt werden kann. Die Folie vorsichtig abziehen und die Beeren-Terrine mit einem scharfen, glatten Messer oder einem elektrischen Messer in nicht zu dünne Scheiben schneiden.

[a]

PICKNICK

raus ins Grüne!

EIN MIT VIELEN LECKEREIEN GEFÜLLTER
PICKNICKKORB, EINE DECKE, EIN SCHÖNER
PLATZ AM SCHATTIGEN WALDRAND, AUF
DER WIESE ODER AM FLUSS – SO MACHT
DAS GENIESSEN IM FREIEN SPASS.

PICKNICK
Ausflug ins Grüne

OB MIT FAMILIE ODER FREUNDEN, OB EIN AUSFLUG INS GRÜNE MIT FESTEM ZIEL
ODER EINE FAHRT INS BLAUE UND DA HALT MACHEN, WO ES EINEM GEFÄLLT: SONNE,
GUTE LAUNE UND EIN FEINER PICKNICKKORB – DAS IST DIE GRUNDAUSSTATTUNG.

Womit man den Picknickkorb oder die Kühltasche füllen kann, dafür geben die Rezepte in diesem Kapitel gute Anregungen. Sie sind so ausgewählt, dass sich die Gerichte einfach und gut vorbereiten lassen, auch einen längeren Transport überstehen und unkompliziert zu verspeisen sind.

Auch für passende Getränke ist gesorgt: selbst gemachte Limonaden oder Sirups, die man mit Wasser verdünnen kann. Besonders bei großer Hitze ist bei einem Picknick Alkoholfreies die bessere Variante. Oder eventuell ein leichter Weiß- oder Apfelwein zum Mischen mit Wasser. Auf alle Fälle sollte genügend Mineralwasser im Gepäck sein.

Was man sonst noch braucht und mitnehmen kann, hängt auch davon ab, welches Ziel man sich ausgesucht hat: ob es ans Wasser gehen soll, ob man einen Tisch zur Verfügung hat oder ob man es sich auf einer grünen Wiese bequem macht. Und es spielt natürlich auch eine Rolle, ob man mit dem Auto unterwegs sein wird oder ob man sich mit dem Rad oder zu Fuß aufmachen will.

PICKNICKKORB

Der Klassiker für alle Picknick-Fans ist ein kofferartiger Picknickkorb aus Weide, in dem die wichtigsten Utensilien – Teller, Besteck, Becher, Frischhaltedosen – transportsicher untergebracht sind. Man kann ihn mit zwei, vier oder sechs Gedecken kaufen. Nicht ganz leicht zu transportieren, deshalb ist er nur für kurze Strecken zu empfehlen.

Es gibt auch spezielle Picknick-Rucksäcke, die ebenfalls mit allem Nötigen ausgestattet sind, ein spezielles Fach für Kühlakkus und Platz für eine Thermoskanne haben und besser für längere Wanderungen geeignet sind.

PICKNICKDECKE

Eine Decke sollte man in jedem Fall dabei haben. Sie dient nicht nur als Sitzunterlage, sondern ist sozusagen der „Esstisch" im Freien. Es gibt sie in verschiedenen Ausführungen, auch wie die echte englische Picknickdecke mit wasserfester Beschichtung auf der Unterseite. Man kann aber auch jede andere, dickere Wolldecke mitnehmen und zum Schutz vor Feuchtigkeit eine Plastikfolie unterlegen.

PICKNICKZUBEHÖR

Bei Tellern sollte man sich, vor allem wenn kein Tisch zur Verfügung steht, lieber für solche aus stabilem Kunststoff entscheiden, als für Papierteller. Besteck sollte ebenfalls in stabiler Ausführung, nicht als leicht zerbrechliches Wegwerfbesteck, mitgenommen werden. Und wer nicht gerade ein romantisches Picknick mit Sekt plant, sollte statt echten Gläsern bruchfeste aus Kunststoff einpacken.

Sehr nützliche Dienste leistet ein Schneidbrett, das aus leichtem Kunststoff sein kann. Und auch ein stabiles größeres Messer sollte, mit gut geschützter Klinge, im Gepäck nicht fehlen. Wichtige Kleinigkeiten: Flaschenöffner, Dosenöffner, eventuell ein Korkenzieher, genügend Servietten und Küchenpapier, falls mal was daneben geht. Salz und Pfeffer zum Nachwürzen sollten immer dabei sein, am besten in kleinen Gewürzstreuern aus Kunststoff.

GUT VERPACKT

Sehr wichtig für den Transport der Speisen ist eine Kühlbox oder eine Kühltasche. Notfalls kann man auch eine Styroporkiste mit Deckel verwenden. Darin wird alles, was sehr empfindlich ist, wie Fleisch, Wurst, Käse, Salate und Obst, in passenden Kunststoffdosen oder in Folie verpackt eingeschichtet. Obenauf werden tiefgefrorene Kühlakkus gelegt.

Für den sicheren Transport gibt es eine riesige Auswahl an Behältern in allen Größen, Formen und Farben. Achten Sie darauf, dass sie aus leichtem Kunststoff sind, einen gut schließenden Deckel haben und sich gut stapeln lassen. Auch extra starke Alufolie lässt sich gut verwenden, um gegartes Gemüse oder Fleisch zu verpacken.

Saucen und Dips immer extra verpackt in gut verschließbaren kleinen Behältern transportieren. Am besten geeignet, wenn sie auch etwas mehr wiegen, sind kleine Gläser mit Schraubverschluss. Dressings z.B., die sich leicht absetzen, kann man so vor Ort noch mal durchschütteln, bevor man sie über den Salat gießt.

NICHT VERGESSEN

Ein leichter Sonnenschirm, den man in den Boden stecken kann oder auch ein Sonnensegel leisten an heißen Tagen gute Dienste. Auch an die Sonnencreme denken, vor allem, wenn die Fahrt ans Wasser geht, und einen Mückenschutz einpacken, um lästige Plagegeister zu vertreiben. Falls man doch gestochen wird: vielleicht ist ja noch eine Zitronenscheibe vom Essen übrig, das hilft. Auch ein Pflaster sollte man dabei haben.

Die Zeit verfliegt bei Spaß und netten Gesprächen oft schneller als geplant und dann kann es gegen Abend auch mal kühl werden. Deshalb die Jacke nicht vergessen und für alle Fälle auch einen Regenschutz einpacken.

Und für danach: Einen Müllbeutel mitnehmen, um die Picknick-Reste beseitigen zu können.

MINI-FRIKADELLEN
mit rotem Pesto

KNUSPRIG GEBRATENE HACKBÄLLCHEN MIT EINEM WÜRZIGEN KERN AUS GETROCKNETEN
TOMATEN, MANDELN UND PECORINO – SIE DÜRFEN BEI KEINEM PICKNICK FEHLEN.

Zutaten für 4 Portionen

1 altbackenes Brötchen

1 kleine Zwiebel

1 Knoblauchzehe

500 g gemischtes Hackfleisch

1 Ei (Größe M)

1 Prise Cayennepfeffer

Salz, Pfeffer aus der Mühle

5 EL Pflanzenöl

Für das Pesto

150 g getr. Tomaten in Olivenöl

2 Knoblauchzehen

50 g geriebener Pecorino

50 g gemahlene Mandeln

5 EL Olivenöl

Zeitbedarf
▪ 40 Minuten

So geht's

1. Das Brötchen in einer Schüssel in ca. ¼ l kaltem Wasser einweichen. In der Zwischenzeit Zwiebel und Knoblauchzehe abziehen und fein hacken.

2. Das eingeweichte Brötchen ausdrücken und zusammen mit dem Hackfleisch, dem Ei sowie Zwiebel und Knoblauch verkneten. Mit Cayennepfeffer, Salz und Pfeffer würzen.

3. Für das Pesto die getrockneten Tomaten sehr klein hacken. Die Knoblauchzehen abziehen und hacken. Tomaten und Knoblauch mit Pecorino, gemahlenen Mandeln und Olivenöl sehr gut verrühren.

4. Aus dem Fleischteig ca. 12 kleine Frikadellen formen und mit dem Pesto füllen [→a].

5. Das Pflanzenöl in einer großen Pfanne erhitzen, darin die Frikadellen auf beiden Seiten gut anbraten und bei mittlerer Hitze fertig braten [→b]. Herausnehmen, auf Küchenpapier entfetten und abkühlen lassen.

6. Die kalten Frikadellen für den Transport am besten in eine Plastikbox verpacken. Das restliche Pesto in einen kleinen, gut verschließbaren Plastikbecher füllen und als Dippsauce verwenden.

SO GEHT'S SCHNELLER Einfach alle Zutaten für das Pesto im Küchenmixer pürieren. Anstelle der selbst gemachten Würzpaste kann man für die Füllung auch ein fertiges rotes oder grünes Pesto verwenden.

Die Varianten

Mit grünem Pesto
1 Bund Basilikum waschen, trocken schütteln und die Blättchen abzupfen. Zusammen mit 1 Prise Salz, 2 Knoblauchzehen, 100 g Pinienkernen, 50 g geriebenem Parmesan und 5 EL Olivenöl im Küchenmixer pürieren. Oder die Knoblauchzehen mit Salz und Pinienkernen im Mörser kräftig zerreiben. Nach und nach Basilikum hinzufügen und so lange mörsern, bis alles gut vermischt ist. Zuletzt den Käse dazugeben. Die Paste aus dem Mörser nehmen und mit Olivenöl verrühren.

Mit Schafskäse gefüllt
Geht schnell und schmeckt auch sehr gut: etwas Schafskäse zerkleinern und mit schwarzen gehackten Oliven vermischen.

Mit Kräutern gefüllt
Einfach ein paar frische Basilikumblätter in die Hackbällchen füllen. Oder frische Oreganoblättchen mit gehackten Pinienkernen verwenden.

DAS IST *wirklich* WICHTIG

[a] FRIKADELLEN FÜLLEN Mit angefeuchteten Händen das gut verknetete Hackbällchen auf der Handfläche platt drücken. In die Mitte je 1 TL Pesto geben und mit dem Fleischteig gut umhüllen. Leicht flach drücken und zu Frikadellen formen.

[b] BRATEN Die Pfanne heiß werden lassen, dann erst das Öl eingießen. Die Minifrikadellen im heißen Öl auf jeder Seite scharf anbraten, dann die Hitze reduzieren und in 10–12 Minuten langsam fertig braten lassen.

DAS IST *wirklich* WICHTIG

[a] WÜRZEN Damit die Hähnchenkeulen nach dem Panieren nicht fade schmecken, ist es wichtig, sie vorher wirklich sehr kräftig zu würzen.

[b] AUSBACKEN Reichlich Öl nehmen, denn die panierten Hähnchenkeulen brauchen Fett, um goldbraun und knusprig zu werden.

DAS HEISSE FETT MUSS BLÄSCHEN BILDEN

[b]

HÄHNCHENKEULEN
mit Knusperpanade

OB MIT ERDNUSSKRUSTE UND HAFERFLOCKEN-KOKOS-MANTEL – KNUSPRIG
GEBRATEN SCHMECKEN BEIDE VARIANTEN AUCH KALT SEHR LECKER.

Zutaten für 6 Portionen

12 Hähnchenkeulen

Salz, Pfeffer aus der Mühle

1 TL edelsüßes Paprikapulver

1 kräftige Prise rosenscharfes
Paprikapulver

½ TL getr. Thymian

50 g ungesalzene Erdnusskerne

50 g Paniermehl
(Semmelbrösel)

2 Eier (Größe M)

2 Eiweiß (Größe M)

1 EL Chilisauce
(Schärfe nach Belieben)

50 g Haferflocken

50 g Kokosraspeln

200 ml Pflanzenöl zum Braten

Zeitbedarf
- 15 Minuten +
  40 Minuten garen

So geht's

1. Die Hähnchenkeulen waschen und mit Küchenpapier trocken
tupfen. Rundherum kräftig mit Salz und Pfeffer würzen. 6 Hähnchenkeulen zusätzlich mit beiden Sorten Paprikapulver und
6 Hähnchenkeulen mit Thymian würzen.

2. Die Erdnusskerne in einer Küchenmaschine grob mahlen. Oder
in einen Gefrierbeutel füllen, auf eine Arbeitsplatte legen und mit
der platten Seite eines Fleischklopfers zerkleinern. Erdnüsse und
Paniermehl gründlich vermischen. Die Eier mit 2 EL Wasser und
Salz und Pfeffer verquirlen. Das Eiweiß separat verquirlen.

3. Die mit Paprikapulver gewürzten Hähnchenkeulen durch die Eier
ziehen und danach in der Nussmischung mehrmals wenden. Die
mit Thymian gewürzten Hähnchenkeulen mit Chilisauce bestreichen, in das Eiweiß tauchen und in einer Mischung aus Haferflocken und Kokosraspeln wälzen [→a].

4. Das Pflanzenöl in 2 großen Pfannen erhitzen. Die panierten
Hähnchenkeulen einlegen und von allen Seiten knusprig anbraten. Dann die Hitze reduzieren und die Keulen unter mehrmaligem Wenden in ca. 20 Minuten rundherum knusprig braten [→b].
Den Backofen auf 200 °C (Umluft 180 °C) mit Grillstufe vorheizen
und ein Backblech mit Alufolie auskleiden.

5. Die knusprig gebackenen Hähnchenkeulen auf das Backblech
legen und im Backofen in ca. 15 Minuten, je nach Größe der
Hähnchenkeulen, fertig garen.

6. Die fertigen Hähnchenkeulen gut auskühlen lassen, danach einzeln in Alufolie packen oder in gut verschließbare Plastikdosen.

Die Varianten

Hähnchen süß-sauer
1 EL Dijon Senf (oder anderen würzigen Kräutersenf)
mit 1 EL Chilisauce verrühren. 6 Hähnchenkeulen mit
Salz und Pfeffer würzen und
rundherum mit der Senf-
Chili-Mischung bestreichen.
Im vorgeheizten Backofen
bei 200 °C (Umluft 180 °C)
30–35 Minuten garen. Für eine pikante Kruste die Hähnchenkeulen in den letzten
5–8 Backminuten mit etwas
Honig bepinseln.

Orangen-Hähnchen
6 Hähnchenkeulen in eine
Mischung aus 3 EL Orangensaft, 1 EL Honig, 3 EL Olivenöl, 1 TL getr. Oregano, Salz
und Pfeffer für mindestens
2 Stunden einlegen. Danach
im Backofen bei 200 °C (Umluft 180 °C) unter mehrmaligem Wenden 30–35 Minuten
backen.

GEMÜSESTICKS
mit feinen Dips

IDEAL FÜR DEN PICKNICKKORB: KNACKIG-FRISCHE GEMÜSESTREIFEN, NACH SORTEN
GETRENNT IN FRISCHHALTEDOSEN ODER PLASTIKBEUTEL VERPACKT, DAZU VERSCHIEDENE
DIPS FÜR JEDEN GESCHMACK. DIE ZUTATEN SIND FÜR 4 PERSONEN BERECHNET.

GEMÜSE-STICKS

1 kg Gemüse der Saison (z.B. Zucchini, Möhren, Staudensellerie, Fenchel, Paprika, Gurke) waschen, putzen, evtl. schälen und in nicht zu dünne Streifen schneiden und verpacken. Bei Möhren ein paar Apfelscheiben mit dazugeben, damit sie nicht austrocknen.

PFIRSICH-DIP

500 g saftig-süße geschälte Pfirsiche klein würfeln. In 1 EL heißer Butter 1 gehackte Zwiebel andünsten, 50 g braunen Zucker darin unter Rühren auflösen und die Pfirsiche einrühren. Mit 3 EL Sherryessig ablöschen und alles mit 1 TL Currypulver, 1 kräftigen Prise Ingwerpulver, Salz und Pfeffer würzen. Bei mittlerer Hitze ca. 10 Minuten einkochen lassen, dabei mehrmals umrühren. Vollständig abkühlen lassen, evtl. 1 EL gehacktes Koriandergrün dazugeben und in ein Schraubglas füllen.

OLIVEN-DIP

50 g grüne Oliven ohne Stein pürieren und mit 200 g Frischkäse und 50 g Schmand verrühren. 30 g frisch geriebenen Parmesan und 1 TL gehackten Thymian dazugeben. Die Mischung mit Pfeffer, Cayennepfeffer und ein paar Tropfen weißem Balsamico-Essig abschmecken. 2–3 grüne Oliven würfeln und unterrühren.

RADI-SCHNITTLAUCH-DIP

250 g Sahnequark, 100 g Crème fraîche und 1 TL Zitronensaft verrühren. 250 g in feine Stifte geschnittene Radieschen und ½ Bund Schnittlauchröllchen unterrühren. Mit Salz, Pfeffer und nach Belieben mit edelsüßem und rosenscharfem Paprikapulver würzen.
Statt Radieschen kann man auch Rettich oder weiße Rübchen verwenden.

KICHERERBSEN-DIP

250 g abgetropfte Kichererbsen (Dose) mit 2 Knoblauchzehen, 3 EL Petersilienblättchen, 2 EL Zitronensaft, 8 EL Olivenöl sowie mit 200 g Sesammus (Tahin) im Mixer oder mit dem Stabmixer pürieren. Mit Salz und Pfeffer aus der Mühle würzen.
Das Sesammus kann auch durch weißes Mandelmus (beides erhältlich im Reformhaus oder Naturkostladen) ersetzt werden.

KÄSESTICKS MIT ERDBEER-DIP

500 g Käse (Gouda, Emmentaler, Edamer) in mundgerechte Stückchen schneiden. Je 1 Käsestück mit 1 Weintraube auf kleine Holzspießchen stecken. (Für den Transport Käsewürfel und Weintrauben extra verpacken und vor Ort Spießchen machen.)
Für den Erdbeer-Dip 150 g Erdbeeren mit 150 g Gelierzucker und 3 EL trockenem Weißwein (oder Campari) mit einem Stabmixer fein pürieren. In ein Schraubglas füllen, luftdicht verschließen und für mindestens 2 Stunden in den Kühlschrank stellen.

GORGONZOLA-DIP

150 g Gorgonzola mit einer Gabel zerkleinern und zerdrücken und mit 50 g Mascarpone cremig rühren. 50 g zerkleinerte Pinienkerne unterrühren und alles mit 1 Schuss Prosecco oder flüssiger Sahne geschmeidig rühren. Mit Pfeffer aus der Mühle würzen und 1 EL fein gehacktes Basilikum dazugeben.
Dieser Dip passt besonders gut zu Fenchel.

AVOCADO-DIP

1 große reife Avocado schälen, das Fruchtfleisch mit 1 EL Zitronensaft und dem Saft von 1 Orange pürieren. Mit Salz und Pfeffer würzen. 2 Tomaten kurz blanchieren, häuten, entkernen und in feine Würfel schneiden. ½ Bund glatte Petersilie waschen, trocken schütteln, die Blättchen abzupfen und hacken. Tomatenwürfel und Petersilie unter die Avocadocreme rühren.

ROASTBEEF
mit Orangen-Zwiebeln

AUS DEM WÜRZIG MARINIERTEN UND ZARTROSA GEBRATENEN FLEISCH
LÄSST SICH EIN KÖSTLICH-FRUCHTIGES SOMMERGERICHT ZUBEREITEN.

Zutaten für 4 Portionen

2 Knoblauchzehen

½ TL Salz

¼ TL gem. Zimt

½ TL gem. Kreuzkümmel

6 EL Pflanzenöl

1 kg Roastbeef am Stück

2 rote Zwiebeln

2 Orangen

Saft von 1 Zitrone oder Limette

Salz, Pfeffer aus der Mühle

besonderes Werkzeug
- Knoblauchpresse

Zeitbedarf
- 20 Minuten +
  40 Minuten braten +
  20 Minuten ruhen

So geht's

1. Den Backofen auf 200 °C (Umluft 180 °C) vorheizen. Die Knoblauchzehen schälen und durch eine Presse drücken. Zusammen mit Salz, Zimt, Kreuzkümmel und 2 EL Pflanzenöl zu einer Paste verrühren.

2. Das Roastbeef kalt abspülen und mit Küchenpapier trocken tupfen. Die Fettschicht großzügig entfernen und das Fleisch mehrmals einstechen. Mit der Knoblauchpaste rundherum sorgfältig einreiben [→a].

3. Das restliche Pflanzenöl in einem Bräter erhitzen und darin das Roastbeef auf beiden Seiten insgesamt 6–8 Minuten anbraten. Dann den Bräter in den vorgeheizten Backofen schieben und das Fleisch unter mehrmaligem Wenden ca. 40 Minuten braten.

4. In der Zwischenzeit die Zwiebeln schälen, halbieren und in dünne Streifen schneiden. Die Orangen schälen und filetieren [→b].

5. Das fertig gebratene Roastbeef aus dem Bräter nehmen und für 20 Minuten zum Nachziehen in Alufolie wickeln. Das gut abgekühlte Fleisch zuerst in dünne Scheiben und dann in Streifen schneiden. Den entstandenen Bratensaft aus der Folie für das Dressing verwenden.

6. Fleischstreifen mit Zwiebeln, Orangenfilets, Zitronensaft und Bratensaft locker vermengen. Mit Salz und Pfeffer würzen und abgedeckt in den Kühlschrank stellen.

Die Varianten

Mit Granatapfel
Anstatt Orangensaft die Kerne und den Saft von 1 Granatapfel unter das Dressing mischen. Der süß-säuerliche Geschmack passt hervorragend zum Fleisch.

Mit gebratenen Zwiebeln
2 große weiße Zwiebeln abziehen, halbieren und in dünne Streifen schneiden. Auf einem Backblech auslegen, mit 2 EL Pflanzenöl beträufeln und im vorgeheizten Backofen bei 200 °C etwa 20 Minuten bräunen. Danach mit Orangen- oder mit Granatapfelsaft vermischen.

Mit Kräutern
Zusätzlich in das Dressing 2–3 EL frisch gehackte Kräuter (z. B. Petersilie, Oregano, Kerbel und Kresse) mischen.

GEWÜNSCHTER GARZUSTAND Um das Fleisch perfekt nach Wunsch zu braten, ist ein Fleischthermometer ein nützliches Utensil. In die Mitte des Bratens gesteckt, wird die Kerntemperatur gemessen: medium rare (innen blutig, Kerntemperatur 55 °C); medium (innen rosa, Kerntemperatur 68 °C); well done (durchgebraten, Kerntemperatur 82 °C).

[a]

DAS IST
wirklich
WICHTIG

[a] MARINIEREN Damit das Fleisch die würzigen Aromastoffe besser aufnehmen kann, rundherum an verschiedenen Stellen mit einem kleinen, scharfen Messer leicht anritzen. Das Knoblauchöl am besten mit den Händen in das Fleisch einmassieren. Danach die Hände mit Zitronensaft waschen, um den Knoblauchgeruch zu entfernen.

(b) FILETIEREN Die Orange schälen, die weiße Haut vollständig entfernen und die Filets zwischen den Trennwänden mit einem scharfen Messer herausschneiden. Dabei den Saft über einer Schale auffangen.

[b]

DAS IST *wirklich* WICHTIG

[a] **DIE PILZFÜLLUNG** mit einem Löffel gleichmäßig verteilen und glatt streichen. Die Ränder dabei freilassen.

[b] **TEIG EINSCHLAGEN** Das Schweinefilet in die Mitte auf die Pilzfüllung setzen und beide Teigseiten fest einschlagen. Die Ränder gut andrücken.

SCHWEINEFILET
in Blätterteig

DAS WÜRZIG UMHÜLLTE UND KNUSPRIG VERPACKTE FILET LÄSST SICH GUT SCHON
AM VORTAG ZUBEREITEN UND BIS ZUM PICKNICK IM KÜHLSCHRANK AUFBEWAHREN.

Zutaten für 6–8 Portionen

2 Schweinefilets (ca. 800 g)

Salz, Pfeffer aus der Mühle

3 EL Sonnenblumenöl

250 g frische Champignons

½ Bund Petersilie

Butter für das Blech

2 kleine Zwiebeln

1 EL Butter

2 EL Crème double

300 g aufgetauter TK-Blätterteig

Mehl für die Arbeitsfläche

1 Eigelb (Größe M)

Zeitbedarf
▪ 30 Minuten +
  ca. 30 Minuten garen

So geht's

1. Das Schweinefilet von eventuellen Häuten und Sehnen befreien. Kalt abwaschen und mit Küchenpapier trocken tupfen. Mit Salz und Pfeffer würzen. Das Öl in einem Bräter erhitzen und das Filet darin von allen Seiten 3–4 Minuten braten. Herausnehmen und abkühlen lassen.

2. Die Champignons kurz waschen, trocken reiben und grob hacken. Die Petersilie waschen, trocken schütteln, die Blättchen von den Stängeln zupfen und fein hacken.

3. Den Backofen auf 200 °C (Umluft 180 °) vorheizen und ein Backblech mit Butter einfetten. Die Zwiebeln schälen und hacken. Die Butter in einer Pfanne schäumend erhitzen und darin die Zwiebeln kurz andünsten. Die Champignons einstreuen und so lange dünsten, bis die Flüssigkeit verdampft ist.

4. Die Pilzpfanne mit Salz und Pfeffer würzen, Petersilie und Crème double unterrühren. Die Pfanne beiseiteziehen. Den Blätterteig auf einer bemehlten Arbeitsfläche zu einem Rechteck von etwa 30 x 40 cm auswellen und halbieren.

5. Die Pilzmasse auf den Teigplatten gleichmäßig verteilen [→a]. Die Schweinefilets darauflegen, mit dem Teig fest einschlagen [→b]. Auf das Backblech setzen und den Blätterteig mit einem Messer rautenförmig einschneiden.

6. Das Eigelb mit 1 EL Wasser verquirlen und den Blätterteig damit rundherum bestreichen. Das Backblech auf die mittlere Schiene in den vorgeheizten Backofen schieben und die Schweinefilets 20–25 Minuten backen. Abkühlen lassen, in Alufolie gewickelt in den Kühlschrank legen. Für das Picknick in Scheiben schneiden und in eine Frischhaltedose packen.

Die Varianten

Mit Kräutern
1 Bund gehackte, gemischte Kräuter mit 1 gehackten Knoblauchzehe sowie mit 1 EL Pflanzenöl vermischen und auf die Blätterteigflächen verteilen. Das angebratene Schweinefilet, wie im Rezept beschrieben, darin einrollen und backen.

Mit gemischten Pilzen
250 g Austernpilze, Champignons und Steinpilze fein hacken und mit 2 gehackten Schalotten in 1 EL Butter andünsten. Mit 2 EL gehacktem Kerbel und 50 g Crème fraîche vermischen und auf den Blätterteig streichen.

Mit Spinat
1 Paket aufgetauten TK-Blattspinat (450 g) mit 1 klein gewürfelten Zwiebel in Butter 2 Minuten andünsten. Abkühlen lassen und mit 2 EL Crème double, Salz, Pfeffer und 2 EL gehackten Pinienkernen mischen. Auf dem Blätterteig verteilen.

DAZU SCHMECKT ein Dip sehr gut: 200 g Schmand mit 2 EL Meerrettich (Glas), 1 gewürfelten, hart gekochten Ei, 1 EL gehackten Kräutern und 1 gewürfelten Gewürzgurke verrühren. Mit Salz und Pfeffer würzen. Für den Transport in einen verschließbaren Plastikbecher füllen und nach dem Öffnen noch mal gut durchrühren.

BLÄTTERTEIG
mit Thunfisch

DIE KLEINEN, MIT VERSCHIEDENEN ZUTATEN GEFÜLLTEN TASCHEN AUS FERTIGEM
BLÄTTERTEIG SIND GUT ZU TRANSPORTIEREN UND DAS IDEALE FINGERFOOD.

Zutaten für 8 Päckchen

300 g TK-Blätterteig
(4 Scheiben)

Backpapier für das Blech

1 Dose Thunfisch in Öl
(Abtropfgewicht 150 g)

½ Bund Petersilie

1 kleine Zwiebel

Salz, Pfeffer aus der Mühle

2 EL Zitronensaft

Zeitbedarf
▪ 20 Minuten +
  20 Minuten backen

So geht's

1. Die Blätterteigscheiben nebeneinander auf eine Arbeitsfläche
   zum Auftauen legen. Es reicht, wenn sie angetaut sind, so lassen
   sie sich besser verarbeiten als ganz aufgetaut. Den Backofen auf
   200 °C (Umluft 180 °C) vorheizen und ein Backblech mit Backpapier auslegen.

2. Den Thunfisch abtropfen lassen und mit einer Gabel gut zerpflü-
   cken. Die Petersilie waschen, trocken schütteln, die Blättchen
   abzupfen und fein hacken. Die Zwiebel schälen und fein hacken.
   Thunfisch mit Petersilie und Zwiebelwürfeln gut vermengen.
   Mit Salz, Pfeffer und Zitronensaft würzen.

3. Die Blätterteigscheiben halbieren und jeweils zur Hälfte mit Füllung belegen, dabei die Ränder freilassen. Die leeren Teighälften
   darüberklappen und die Ränder fest andrücken.

4. Die gefüllten Blätterteigtaschen auf das Backblech legen und im
   vorgeheizten Backofen ca. 20 Minuten goldgelb backen.

Die Varianten

Mit Salami
150 g Salami in feine Würfelchen schneiden. Mit 1 fein
gehackten Knoblauchzehe,
3 EL saurer Sahne und mit
1 TL gemischten gehackten
Kräutern vermengen. Mit
Salz und Pfeffer abschme-
cken und auf die Teigblätter
verteilen.

Mit Schafskäse
150 g Schafskäse zerkrü-
meln, mit 100 g klein ge-
schnittenen Oliven (schwarz
und grün), 1 EL Olivenöl und
1 EL in Streifen geschnittenem Basilikum vermischen
und mit Salz und Pfeffer abschmecken und die Teigplatten damit füllen.

Mit Tomaten
150 g Kräuter-Frischkäse
cremig rühren, auf den Teigplatten verteilen, 100 g getrocknete, in Öl eingelegte
Tomaten klein schneiden,
darüberstreuen und Teigtaschen formen.

SO SCHMECKT´S AUCH Unter die Thunfischmischung 1–2 EL Créme fraîche mischen, dann wird die Füllung saftiger. Man kann die Teigtaschen vor dem Backen auch mit 2 verquirlten Eigelben bestreichen.

WRAPS
mit Corned Beef

DIE MIT QUARK UND TOMATEN SAFTIG UND WÜRZIG GEFÜLLTEN TORTILLAS SIND GANZ SCHNELL AUFGEROLLT UND LASSEN SICH GUT FÜR DAS PICKNICK VORBEREITEN.

Zutaten für 4 Wraps

4 weiche Weizenmehl-Tortillas

150 g Kräuterquark

50 g getrocknete, eingelegte Tomaten

12 Scheiben Corned Beef

1 Beet Kresse

4 Blätter Radicchio

1 TL Balsamico-Essig

Salz, Pfeffer aus der Mühle

Zeitbedarf
- 15 Minuten +
  1 Stunde ruhen

So geht's

1. Die 4 Tortillas einzeln auf einer Arbeitsfläche auslegen. Den Kräuterquark darauf verteilen. Die Tomaten waschen, halbieren, von den Stielansätzen befreien und in kleine Würfel schneiden. Auf den Quark streuen.

2. Auf jede Tortilla 3 Scheiben Corned Beef legen und mit Kresse bestreuen. Die Radicchioblätter in Streifen schneiden, mit Balsamico, Salz und Pfeffer würzen und darauf verteilen.

3. Den unteren Rand ca. 3 cm nach oben klappen, die seitlichen Ränder leicht einschlagen und die belegten Tortillas straff aufrollen. Einzeln fest in Alu- oder Klarsichtfolie wickeln. Die Wraps bis zum Picknick in den Kühlschrank legen.

Die Variante

Avocado-Tomaten-Wraps
1 große Avocado schälen, das Fruchtfleisch pürieren, mit 2 EL Limettensaft, 1 EL Olivenöl und etwas Chili verrühren. 1 Tomate in kleine Würfel schneiden, unter die Avocadocreme mischen, mit Salz abschmecken. 4 Salatblätter waschen und trocken schleudern. 80 g Schafskäse zerkrümeln, mit 2 EL Joghurt verrühren. ½ kleine Salatgurke schälen, entkernen und in feine Würfel schneiden. Unter die Käse-Joghurt-Mischung geben. Die Tortillas mit Avocadocreme bestreichen, je 1 Salatblatt darauflegen und etwas von der Joghurtmischung darauf verteilen. Die Tortillas einschlagen und straff aufrollen.

BESONDERS GUT SCHMECKEN selbst gemachte Tortillas. Dafür 180 g Mehl, 1 TL Salz und ca. 100 ml lauwarmes Wasser zu einem glatten, geschmeidigen Teig verkneten und dann ca. 15 Minuten zugedeckt ruhen lassen. Danach dünne kreisrunde Fladen von ca. 15 cm Ø ausrollen (Teigmenge reicht für 8 Fladen). In einer beschichteten Pfanne ohne Fett bei mittlerer Hitze von jeder Seite ca. 1 Minute ausbacken.

FOCACCIA
mit Oliven

DAS PIKANTE FLADENBROT AUS HEFETEIG LÄSST SICH GANZ EINFACH ZUBEREITEN
UND DURCH GEWÜRZE UND ZUTATEN FÜR DEN BELAG VIELFÄLTIG VARIIEREN.

Zutaten für 1 Backblech

½ Würfel Hefe (21 g)

1 kleine Prise Zucker

500 g Mehl

100 g schwarze Oliven

2 Zweige Rosmarin

2 Knoblauchzehen

1 TL Salz

100 ml Olivenöl

Hartweizengrieß für die
Arbeitsfläche

Zeitbedarf
- 30 Minuten +
  1 Stunde ruhen +
  20 Minuten backen

So geht's

1. Den Hefewürfel zerbröckeln und mit einer Prise Zucker in gut ¼ l lauwarmem Wasser auflösen. Das Mehl in eine große Schüssel sieben, in die Mitte eine Mulde drücken und das Hefewasser hineingießen. Mit etwas Mehl vom Rand bestäuben, die Schüssel mit einem Tuch abdecken und den Vorteig mindestens 30 Minuten gehen lassen [→a].

2. Inzwischen die Oliven entkernen. Den Rosmarin waschen, trocken schütteln, die Nadeln abzupfen und etwas kleiner schneiden. Die Knoblauchzehen schälen und hacken.

3. Den Vorteig mit Salz und 1 EL Olivenöl zu einem geschmeidigen Teig kneten. Zu einer Kugel formen und nochmals bei Zimmertemperatur oder an einem warmen Ort 30 Minuten gehen lassen.

4. Den Backofen auf 200 °C (Umluft 180 °C) vorheizen und ein Backblech mit höherem Rand mit 50 ml Olivenöl ausstreichen. Auf einer Arbeitsplatte etwas Hartweizengrieß ausstreuen, darauf den Teig nochmals durchkneten und dann auf Backblechgröße auswellen. Oder mit den Händen zu einem Fladen formen, auf das Backblech legen und entsprechend einpassen.

5. Mit den Fingern auf der Teigoberfläche Vertiefungen formen [→b]. Darauf Oliven, Knoblauch und Rosmarin verteilen und mit dem restlichen Olivenöl beträufeln. Das Backblech in den vorgeheizten Backofen auf die mittlere Schiene schieben und ca. 20 Minuten knusprig backen.

6. Die fertige Focaccia aus dem Backofen nehmen und auf eine dicke Lage Küchenpapier zum Entfetten schieben. Danach in Stücke schneiden. Schmeckt warm und auch kalt sehr gut. Zum Mitnehmen die geschnittenen Stücke in eine Frischhaltebox geben oder größere Stücke einzeln in Alufolie wickeln.

Die Varianten

Mit Tomatensauce
1 gehackte Zwiebel und 2 gewürfelte Knoblauchzehen in 3 EL Olivenöl anschwitzen, 500 g gehäutete und gewürfelte Tomaten dazugeben, ca. 30 Minuten dicklich einkochen lassen. Mit Salz, Pfeffer, 1 Prise Zucker und 1 EL Oreganoblättchen würzen. Abkühlen lassen. Den Teig mit ca. 250 ml Tomatensauce löffelweise überziehen und backen.

Mit Spinat
1 kg junge Spinatblätter in Salzwasser kurz blanchieren, abgießen, mit kaltem Wasser abschrecken. Gut abtropfen lassen, fest ausdrücken und etwas kleiner schneiden. Mit 2 fein geschnittenen Knoblauchzehen auf dem Teig verteilen. Mit Salz und Pfeffer würzen, mit 50 ml Olivenöl beträufeln.

Mit Speckwürfeln
250 g magere, knusprig gebratene Speckwürfel abgekühlt über den Teig streuen und mit 50 ml Olivenöl, verrührt mit 2 EL gehacktem Basilikum überziehen.

DAS IST *wirklich* WICHTIG

[a] HEFETEIG ZUBEREITEN Den Vorteig immer ohne Salz zubereiten, da es die Hefeentwicklung verhindert. Erst im zweiten Schritt, wenn der Teig das erste Mal gegangen ist, wird Salz untergeknetet.

[b] TEIG BELEGEN Nach der zweiten Ruhephase wird der Teig mit Oliven und Kräutern belegt. Dafür auf der Teigoberfläche mit den Fingerkuppen Dellen formen. Dadurch schlägt der Teig beim Backen Blasen, wird lockerer und nimmt Olivenöl und Aromaten besser auf.

[a]

LIMONADEN
Erfrischung selbst gemacht

HOLUNDERBLÜTENSIRUP

15 frisch gepflückte, gut gewaschene Holunderblütendolden (es gibt sie von Juni bis August) in eine Schüssel legen und mit 1 l Wasser übergießen. Mit einem Tuch abgedeckt 1 Tag an einem kühlen Ort stehen lassen. Danach durch ein mit einem Küchentuch ausgelegtes Haarsieb gießen. Die Flüssigkeit unter Rühren mit 1 kg Zucker sowie 2 g Zitronensäure (Apotheke) und 1 in Scheiben geschnittenen Bio-Zitrone aufkochen. Vom Herd ziehen und gleich in heiß ausgekochte Flaschen abfüllen. Bei Zimmertemperatur abkühlen lassen, dann verschließen und kühl aufbewahren. Ergibt etwa 1 ½ l Sirup.
Je nach Geschmack 1–3 EL Sirup mit 1 l kaltem Wasser mischen.

MINZ-LIMONADE

500 ml Wasser aufkochen, 1 Bund frische Minze und 70 g Zucker dazugeben, zugedeckt 10 Minuten ziehen lassen. Danach durch ein Sieb abgießen und abkühlen lassen. Die Schale von 1 unbehandelten Zitrone dünn abschälen, auf 2 heiß ausgespülte Flaschen (je ca. 750 ml) verteilen, den Minzesud dazugeben und mit Mineralwasser auffüllen. Kühl stellen.

ZITRONENLIMONADE

Kurzfristig für den schnellen Gebrauch hergestellt: 1 EL Honig mit 3 EL Zitronensaft verrühren und mit 1 l kaltem Wasser aufgießen und in der Flasche gut schütteln. 1 frischen Minzezweig in die Flasche geben und dann verschließen.

ZITRONENSIRUP

4 Bio-Zitronen heiß waschen, trocknen und anschließend die Schale abreiben. Das Fruchtfleisch auspressen. 1 l Wasser mit 1 kg Zucker unter Rühren aufkochen, dabei den Zitronensaft, den Zitronenabrieb sowie 5 g Zitronensäure (aus der Apotheke) hinzufügen.
Den Topf vom Herd ziehen und den heißen Fruchtsirup (etwa 1,5 l) in sterile Flaschen füllen. Bei Zimmertemperatur abkühlen lassen, dann verschließen und im Kühlschrank aufbewahren.
Für Zitronenlimonade je nach Geschmack 1–3 EL Sirup mit 1 l Wasser vermischen. In die Flaschenöffnung dann noch 1 frischen Basilikumzweig stecken.

WALDMEISTERSIRUP

1 kg Zucker unter Rühren mit 1 l Wasser aufkochen. 1 Bio-Zitrone in Scheiben und ca. 10 Stängel frisch gewaschenen Waldmeister (ohne Blüten) einlegen. 1–2 Minuten unter Rühren leise kochen lassen. Dann den Topf vom Herd nehmen, Inhalt abkühlen lassen. Den Topf verschließen und 2–3 Tage im Kühlschrank oder an einem kühlen Ort durchziehen lassen. Zwischendurch immer wieder umrühren. Danach nochmals aufkochen lassen und die Flüssigkeit durch ein mit einem Küchentuch ausgelegtes Haarsieb gießen. Noch heiß (ergibt ca. 1,5 l) in ausgekochte Flaschen abfüllen, abkühlen lassen, verschließen und im Kühlschrank aufbewahren.
Für eine Limonade je nach Geschmack 1–3 EL Waldmeistersirup mit 1 l Wasser vermischen. In die Flaschen nach Geschmack kleine Orangenfilets (ohne Schale) geben.

EISTEE

1 Kanne schwarzen Tee (ca. 800 ml) kochen. Abkühlen lassen und mit dem Saft von 1 Orange und 1 Zitrone verrühren. Mit Zucker oder Honig süßen. In eine Flasche füllen, mit 1 frischen Minzezweig aromatisieren. Schmeckt eiskalt am besten.

DAS IST *wirklich* WICHTIG

[a] MANGO WÜRFELN Die Mango längs auf beiden Seiten knapp über dem Kern durchschneiden. Das Fruchtfleisch gitterförmig tief einschneiden, dabei die Schale nicht verletzen. Die Schale in der Mitte mit den Fingern hochdrücken und die Würfel herauslösen. Dann das restliche Fruchtfleisch rund um den Kern abschneiden und würfeln.

[b] REISSALAT MIT MANGO ist nicht nur kalt ein Genuss, sondern schmeckt auch heiß oder lauwarm serviert sehr gut.

[b]

REISSALAT
mit Mango

LOCKER-KÖRNIGER REIS IST DIE IDEALE GRUNDLAGE FÜR VIELE PIKANTE SALAT-VARIATIONEN, DIE SICH GUT VORBEREITEN UND TRANSPORTIEREN LASSEN.

Zutaten für 4 Portionen

2 Schalotten

2 Knoblauchzehen

½ kleine, frische Chilischote

3 EL Pflanzenöl

250 g Langkornreis

Salz, Pfeffer aus der Mühle

¼ TL Currypulver

¼ TL gem. Kreuzkümmel

100 ml trockener Weißwein

½ l Gemüsebrühe

50 g Rosinen

100 ml Multivitaminsaft

½ Bund glatte Petersilie

1 gelbe Paprikaschote

250 g saure Sahne

1 große, saftige Mango

Zeitbedarf
▪ 40 Minuten

So geht's

1. Die Schalotten sowie die Knoblauchzehen abziehen und fein hacken. Die Chilischote waschen, entkernen und klein schneiden. Das Pflanzenöl in einem breiten Topf erhitzen und darin die Schalotten-, Knoblauch- und Chiliwürfel andünsten.

2. Den Reis einstreuen und alles unter ständigem Rühren 2 Minuten braten. Mit Salz, Pfeffer, Curry und Kreuzkümmel würzen und mit Weißwein ablöschen. Mit Gemüsebrühe aufgießen, aufkochen und den Reis bei mittlerer Hitze ca. 15 Minuten garen. Zwischendurch immer wieder umrühren.

3. In der Zwischenzeit in einer Schale die Rosinen mit Multivitaminsaft vermengen. Die Petersilie waschen, trocken schütteln, die Blättchen abzupfen und fein hacken. Die Paprikaschote waschen, entkernen und in etwa 1 cm große Stücke schneiden. Die saure Sahne mit den Saft-Rosinen und der Petersilie verrühren. Mit Salz und Pfeffer würzen.

4. Die Mango schälen, das Fruchtfleisch klein würfeln [→a]. Den gegarten Reis in eine Schüssel füllen und kurz ausdampfen lassen. Nach und nach alle vorbereiteten Zutaten untermengen. Nochmals abschmecken, in eine Schüssel füllen und abgedeckt in den Kühlschrank stellen [→b].

Die Variante

Reissalat mit Johannisbeeren
250 g Langkornreis mit Wildreis 20 Minuten garen, abgießen und abkühlen lassen. 50 g ungesalzene Erdnüsse in einer beschichteten Pfanne 1–2 Minuten rösten und abkühlen lassen. 150 g Vollmilchjoghurt mit 1 TL Zucker, Saft von 1 Orange, 1 Prise Cayennepfeffer und geschrotetem schwarzem Pfeffer verrühren. In einer Schüssel mit dem Reis, 1 EL gehackter Petersilie, 150 g frischen Sojabohnensprossen und 150 g roten und/oder weißen Johannisbeeren locker vermengen. Mit Salz und Pfeffer abschmecken.

NUDELSALAT
mit Gurke

Zutaten für 4 Portionen

250 g Nudeln (Schmetterlinge oder Fusilli)

Salz

1 Salatgurke (ca. 250 g)

1 Bund gemischte Kräuter

2 kleine Zwiebeln

2 EL Sonnenblumenöl

3 EL Weißweinessig

1 TL mittelscharfer Senf

4 EL Schmand

Pfeffer aus der Mühle

Zeitbedarf
- 40 Minuten

So geht's

1. Die Nudeln in Salzwasser nach Packungsanleitung bissfest garen. In der Zwischenzeit die Salatgurke schälen, längs halbieren, entkernen und dann quer in 1 cm dicke Stücke schneiden.

2. Die Kräuter waschen, trocken schütteln, die Blättchen abzupfen und grob hacken. Die Zwiebeln schälen, halbieren und in Streifen schneiden.

3. Das Sonnenblumenöl in einer Pfanne erhitzen und darin die Zwiebelstreifen 6–8 Minuten bräunen. Die Nudeln in ein Sieb abgießen, kalt abschrecken und abtropfen lassen.

4. Die gebräunten Zwiebelstreifen abkühlen lassen. Danach in einer Schüssel zusammen mit den vorbereiteten Zutaten locker vermengen. Weißweinessig mit Senf und Schmand cremig rühren und unter den Salat mischen. Mit Salz und Pfeffer würzen.

KRAUTSALAT
mit Minze

Zutaten für 4 Portionen

1 kleiner Weißkohl (ca. 500 g)

2 Knoblauchzehen

½ TL Salz

Saft von 1 Zitrone

8 EL Olivenöl

½ Bund frische Minze

1 EL Kümmel

besonderes Werkzeug
- Mörser oder Knoblauchpresse

Zeitbedarf
- 30 Minuten

So geht's

1. Den Weißkohl putzen, vierteln, den Strunk entfernen. Den Kohl in Streifen schneiden, waschen und gründlich abtropfen lassen. Die Knoblauchzehen abziehen und im Mörser gründlich mit Salz zerreiben. Oder die Knoblauchzehen durch eine Presse drücken und gut mit Salz verrühren.

2. Das Knoblauch-Salz mit Zitronensaft und Olivenöl kräftig vermischen. Die Minze waschen, trocken schütteln, die Blättchen abzupfen und in Streifen schneiden.

3. Die Weißkohlstreifen mit Minze, der Salatsauce und Kümmel gut vermengen. Der Salat kann sofort gegessen werden, schmeckt aber auch gut durchgezogen sehr gut.

SO SCHMECKT'S AUCH Statt Minze kann man auch gehackte glatte Petersilie verwenden. Nach Belieben noch 100 g gebräunte durchwachsene Speckwürfelchen unterziehen.

ZUCCHINISALAT
mit Rosinen

Zutaten für 4 Portionen

50 g Pinienkerne

50 g Rosinen

Saft von 1 Orange

½ Bund Dill

1 kg Zucchini

2 rote Zwiebeln

8 EL Weizenkeimöl

1 TL zerstoßene Korianderkörner

Saft von 1 Zitrone

2 EL Balsamico-Essig

¼ TL gem. Zimt

Salz, Pfeffer aus der Mühle

Zeitbedarf
▪ 30 Minuten

So geht's

1. Die Pinienkerne in einer beschichteten Pfanne ohne Fett unter Schwenken 2 Minuten rösten. Auf einen Teller zum Abkühlen geben. Die Rosinen mit Orangensaft beträufeln.

2. Den Dill waschen, trocken schütteln, das Kraut abzupfen und fein hacken. Die Zucchini waschen, Stielenden entfernen. Zucchini längs in dünne Scheiben und dann quer in schmale Streifen schneiden.

3. Die Zwiebeln schälen, halbieren und in Streifen schneiden. Das Weizenkeimöl erhitzen und darin die Zwiebelstreifen 2 Minuten andünsten. Zucchini hinzufügen und unter Rühren kurz mitdünsten.

4. Den Pfanneninhalt in eine Schüssel füllen und mit Koriander, Zitronensaft, Balsamico-Essig, Zimt, Salz und Pfeffer kräftig würzen. Pinienkerne, Dill und Orangen-Rosinen unterheben. Bei Zimmertemperatur abkühlen lassen, dann luftdicht verschlossen in den Kühlschrank stellen.

PAPRIKASALAT
mit Weintrauben

Zutaten für 4 Portionen

je 1 gelbe, grüne und rote Paprikaschote (ca. 500 g)

1 große Zwiebel

1 Knoblauchzehe

½ Bund glatte Petersilie

300 g kleine Weintrauben ohne Kern

150 g Mozzarella oder Mozzarelline

4 EL Olivenöl

Saft von 1 Zitrone

1 Prise Zucker

Salz, schwarzer Pfeffer aus der Mühle

Zeitbedarf
▪ 30 Minuten

So geht's

1. Die Paprikaschoten waschen, halbieren, das Kerngehäuse entfernen. Die Schoten in Streifen schneiden. Die Zwiebel und die Knoblauchzehe abziehen und in feine Streifen schneiden.

2. Die Petersilie waschen, trocken schütteln, die Blättchen abzupfen und hacken. Die Weintrauben entstielen, waschen und trocken tupfen. Den Mozzarella in kleine Würfel schneiden oder die kleinen Mozzarellakugeln abtropfen lassen.

3. Alle vorbereiteten Zutaten mit Olivenöl und Zitronensaft locker miteinander vermengen. Mit Zucker, Salz und Pfeffer würzen.

SO SCHMECKT'S AUCH Anstelle von Mozzarella kann man auch Fetakäse in Würfel schneiden und untermischen oder Schnittkäse (z. B. Gouda) verwenden.

PFIRSICH-MUFFINS
mit Mandeln

DIE KLEINEN HANDLICHEN KÜCHLEIN SIND SCHNELL GEMACHT, GUT EINZUPACKEN UND SCHMECKEN NICHT NUR FRISCH, SONDERN AUCH NOCH NACH EINIGEN TAGEN WUNDERBAR SAFTIG.

Zutaten für ca. 12 Stück

1 großer, saftiger Pfirsich

2 Eier, getrennt (Größe M)

100 g Zucker

250 g Vollmilchjoghurt

1 EL Aprikosenkonfitüre

150 g Frischkäse

250 g Mehl

1 Päckchen Backpulver

50 g Mandelstifte

besonderes Werkzeug
- Muffinblech
- 12 Papierförmchen

Zeitbedarf
- 20 Minuten +
  25 Minuten backen

So geht's

1. Den Backofen auf 200 °C (Umluft 180 °C) vorheizen und ein Muffinblech mit Papierförmchen auslegen.

2. Den Pfirsich waschen und die Haut mit einem Sparschäler oder einem kleinem Messer abziehen [→a]. Das Fruchtfleisch in kleine Würfel schneiden.

3. Die Eigelbe mit Zucker, Vollmilchjoghurt, Aprikosenkonfitüre und Frischkäse cremig rühren. Das Eiweiß zu sehr steifem Schnee schlagen.

4. Das Mehl mit Backpulver versieben und sorgfältig unter die Eigelbmischung rühren, so dass sich keine Klümpchen bilden. Die Fruchtwürfel unterheben und zuletzt den Eischnee unterziehen.

5. Den Teig in die Papierförmchen verteilen, sodass diese zu zwei Drittel gefüllt sind. Die Mandelstifte auf den Muffins verteilen.

6. Das Backblech in den vorgeheizten Backofen schieben und die Muffins in etwa 25 Minuten backen. Herausnehmen und im Blech abkühlen lassen. Zum Transport die Muffins in Frischhaltedosen verpacken [→b].

Die Varianten

Aprikosen-Muffins
Dafür 200 g saftige Aprikosen einritzen, mit heißem Wasser überbrühen, kalt abschrecken, schälen und das Fruchtfleisch klein würfeln. Wie im Rezept angegeben unter den Rührteig mischen. Zusätzlich kann man noch mit 1 EL Marillenlikör aromatisieren.

Mango-Muffins
1 reife Mango schälen, vom Kern lösen, das Fruchtfleisch (ca. 200 g) in kleine Würfel schneiden und unter den Teig mischen.

Kirsch-Muffins
200 g frische Süßkirschen entkernen und unter den Teig mischen oder abgetropfte Sauerkirschen aus dem Glas verwenden.

SO SCHMECKT'S AUCH Um den Teig zu aromatisieren, einen Schuss Mandellikör zum Schluss unterrühren. Bei den Früchten kann man nicht nur variieren, sondern auch mischen und z. B. ein paar Brombeeren zusätzlich zu den Pfirsichstückchen unter den Teig mischen. Außerhalb der Saison kann man auch eingemachte Pfirsiche aus dem Glas oder der Dose verwenden.

[a]

DAS IST
wirklich
WICHTIG

[a] PFIRSICH SCHÄLEN Besonders saftig
reife Pfirsiche lassen sich leicht mit einem
spitzen kleinen Messer schälen. Pfirsiche,
die noch sehr fest sind, kreuzweise einschneiden und für ca. 20 Sekunden in
kochendes Wasser legen. Man kann be-
obachten, wie sich die Haut löst. Dann
schnell mit kaltem Wasser abschrecken
und die Haut abziehen.

[b] GUT VERPACKT Wegen der Optik, aber
auch um sie ohne Schaden zu transportieren, die Muffins einfach in den Papierman-
schetten lassen.

[b]

GRILLEN

Feines vom Rost

SOBALD ES DRAUSSEN WARM WIRD, ERWACHT AUCH DIE LUST AUF BRUTZELN IM FREIEN. IN DIESEM KAPITEL GIBT ES DAFÜR VIELE RAFFINIERTE REZEPTE MIT FLEISCH, FISCH UND GEMÜSE.

GRILLPARTY
manche mögen's heiß

SOMMERZEIT IST GRILLZEIT. UND DAMIT DIE PARTY EIN VOLLER ERFOLG WIRD, BRAUCHT MAN NICHT NUR LECKERE REZEPTE, SONDERN SOLLTE AUCH EIN PAAR DINGE RUND UM DEN GRILL BEACHTEN, DAMIT DER FEURIGE GENUSS GARANTIERT IST.

Sobald die Freiluftsaison eröffnet ist, beginnt auch die „Brutzel-Zeit", auf die sich schon alle freuen. Grillen ist ein legeres kulinarisches Vergnügen, meistens auch ohne gestresste Gastgeber – vor allem, wenn die Gäste auch noch einen Salat oder eine Nachspeise mitbringen. Trotzdem will auch diese Party gut geplant sein.

DER GRILL
Es gibt drei Möglichkeiten zu grillen: mit Gas, mit Elektrizität und mit Holzkohle.
Der Gas-Grill ist bequem und unkompliziert, wird sehr schnell heiß und erzeugt nicht so viel Rauch wie der Holzkohlegrill. Man sollte immer eine Reserve-Gasflasche bereithalten. Elektro-Grills sind besonders schnell betriebsbereit und raucharm. Sie benötigen einen Tisch als Unterlage und eine Steckdose, sind also eher für den Balkon oder die Terrasse geeignet und nur für eine kleine Runde.
Der klassische Holzkohle-Grill ist die bevorzugte Wahl für alle, die das typische Raucharoma wollen. Die Handhabung ist zeitaufwendiger und erfordert etwas Übung. Die gängigen Geräte sind mit waagerechtem Glutkasten ausgestattet. Er sollte genügend Luftlöcher und -schlitze haben, die für lang anhaltende Glut sorgen. Empfehlenswert sind verstellbare Einschubhöhen für den Grillrost, denn empfindliches Geflügel möchte anders gegrillt werden als z.B. ein rustikales Steak.
Es gibt auch Grillgeräte mit senkrecht gestellten Glutkästen. Das Grillgut wird dabei in Körben seitlich zur Glut gehängt. Das überschüssige Fett tropft nicht in die Glut, sondern in eine Grillwanne, die mit Sand oder Wasser gefüllt ist. Besonders komfortabel ist ein Kugelgrill, mit dem man bei aufgelegtem Deckel sogar räuchern kann.

BRENNSTOFF
Das gebräuchlichste und preiswerteste Produkt der Brennstoffpalette ist die Holzkohle, die in Säcken von 3–10 kg angeboten wird. Auch umweltschonend hergestellte Holzkohle, sogenannte „Retortenholzkohle", ist im Handel erhältlich. Etwas teurer sind Grillbriketts aus gepresstem Holzkohlestaub mit natürlichen Bindemitteln, die aber für eine länger anhaltende Glut sorgen. Für besonders umweltfreundliches Grillen sind Briketts zu empfehlen, die aus Kokosnussschalen hergestellt und in gepresster Würfelform vertrieben werden.

ANZÜNDEN
Nur Grillanzünder, TÜV-geprüfte Zündhilfen verwenden, die eine intensive Hitze bei einer Brenndauer von 10–15 Minuten garantieren. Gerade Grillbriketts benötigen zu Beginn eine intensive Anfeuerung. Keinesfalls Spiritus und Benzin in das offene Feuer schütten! Darauf achten, dass sich in der Nähe nichts Brennbares, wie z.B. Lampions oder Papiergirlanden, befindet. Für den Notfall zum Löschen einen Eimer Sand oder eine Löschdecke bereithalten.

GRILLZUBEHÖR

Am Tag vor der Party kontrollieren, ob alles, was man neben Brennstoff und Grillanzünder noch zum Grillen braucht, vorhanden ist:

- Hilfreich ist eine Schaufel, möglichst mit langem Stiel, um die Holzkohle nach dem Anzünden zu verteilen und um frische nachzulegen.
- Für das Wenden des Grillguts ist eine Zange mit langen Griffen erforderlich. Holzzangen unbedingt vorher in Wasser einweichen, damit sie nicht anbrennen.
- Feuerfeste Grillhandschuhe schützen beim Wenden und Bestreichen des Grillguts und auch beim Nachlegen der Holzkohle vor der Hitze.
- Aluschalen oder extra starke Alufolie sind besonders für Fischfilets, Gemüse und zarte Fleischstücke empfehlenswert. Praktisch sind auch zusammenklappbare Roste für Grillgut, das sonst beim Wenden leicht zerfallen könnte.
- Genügend Grillspieße aus Metall oder aus Holz (diese vorher wässern, damit sie nicht verbrennen) bereithalten.
- Einen Pinsel aus Naturborsten oder aus Silikon mit hitzefestem Stiel braucht man, um das Grillgut mit Öl oder Gewürzmischungen zu bestreichen.

EINKAUFSPLANUNG

Etwa 1 Woche vorher sollten Sie sich Gedanken über den Speiseplan machen und eine Zutatenliste für den Einkauf zusammenstellen. Getränke können frühzeitig besorgt werden. Beim Metzger, Fischhändler und Bäcker etwa 3 Tage vor der Party die Bestellungen aufgeben. Ruhig großzügig kalkulieren, denn beim Grillen wird meist mehr verspeist als sonst. Und Übriggebliebenes lässt sich problemlos einfrieren.

MENGEN PRO PERSON

- Pro Portion sollten Sie mit ca. 250 g Fleisch rechnen.
- Grillen Sie ganze Fische, sollte eine Portion mindestens 300 g wiegen.
- Auch Brot sollte man reichlich kalkulieren, mindestens 250 g.
- An Salaten sollten Sie ebenfalls ca. 250 g bereitstellen.

VORBEREITUNG

Spätestens 3 Tage vor dem Fest Geschirr, Gläser, Besteck, Tischdecken, Servietten, Flaschenöffner, Korkenzieher und Grillzubehör prüfen (siehe auch Vorbereitungsliste Seite 51). Genügend Decken und Jacken für die Gäste bereitlegen, falls es zu später Stunde kühl werden sollte.

1–2 Tage vorher, je nach Rezept, wird das Fleisch in Marinaden eingelegt. Am Vortag kann man Kuchen backen und Desserts zubereiten. Auch Grillsaucen und Dips können gut vorbereitet werden. Will man eine Bowle servieren, kann man sie ebenfalls bereits am Vortag ansetzen.

Einige Stunden vorher den Grill auf einem festen Untergrund aufstellen und das Grillzubehör bereitlegen.

Etwa 1 Stunde vorher die Holzkohle einschichten. Nach dem Entzünden dauert es, je nach verwendetem Material, gut 30 Minuten, bis die Holzkohle durchgeglüht ist.

Für genügend Ablagefläche und Teller für das fertig Gegrillte sorgen. Das Fleisch mindestens 30 Minuten vor dem Grillen aus dem Kühlschrank nehmen, es sollte nicht zu kalt auf den Rost gelegt werden.

KABELJAUFILETS

mit Spinatpäckchen

ZARTE FISCHFILETS, IN FOLIE AUF DEM GRILL SCHONEND GEGART, MIT FRISCHEM, GRÜNEM SOMMERGRUSS ALS BEILAGE – LEICHT UND LECKER, SO SCHMECKT DER SOMMER!

Zutaten für 4 Portionen

4 Kabeljaufilets à 200 g

1 Zitrone

Salz, Pfeffer aus der Mühle

4 Scheiben Frühstücksspeck

4 EL trockener Weißwein

25 g Kräuterbutter

Für das Gemüse

500 g Blattspinat

2 Frühlingszwiebeln

1 Knoblauchzehe

50 g zimmerwarme Butter

Zeitbedarf

▪ 40 Minuten +
  15 Minuten grillen

So geht's

1. Die Fischfilets kalt waschen, mit Küchenpapier trocken tupfen und mit Zitronensaft beträufeln. Mit Salz und Pfeffer würzen.

2. Den Spinat verlesen, waschen und kurz in kochendem Salzwasser blanchieren. Abgießen, mit kaltem Wasser abschrecken und gründlich abtropfen lassen.

3. Die Frühlingszwiebeln putzen, die Knoblauchzehe abziehen und beides in feine Würfel schneiden. 4 große Alufolienblätter auslegen, darauf Butterflöckchen, Frühlingszwiebeln und Knoblauch geben. Den Spinat darauf verteilen und mit der restlichen Butter belegen. Die Folien gut verschließen [→a].

4. 4 große Blätter Alufolie auslegen, je 1 Scheibe Speck und darauf je 1 Fischfilet geben. Mit etwas Weißwein beträufeln und mit je 1 Scheibe Kräuterbutter belegen [→b]. Die Folienblätter fest verschließen.

5. Die Fischpäckchen auf den heißen Grill legen und ca. 15 Minuten grillen. Die Spinatpäckchen ca. 10 Minuten auf dem Grill garen.

Dazu schmecken Pellkartoffeln mit Kräuterquark oder Folienkartoffeln und gemischter Salat.

Die Variante

Filets im Spinatmantel

200 g möglichst große Spinatblätter putzen, waschen und kurz in kochendem Wasser blanchieren. In ein Sieb abgießen, mit kaltem Wasser abschrecken und abtropfen lassen. Die Spinatblätter vorsichtig auf einer Arbeitsfläche auslegen und zwar so, dass 4 Kabeljaufilets damit umwickelt werden können. Die Kabeljaufilets mit Salz, Pfeffer, edelsüßem und rosenscharfem Paprikapulver würzen, jeweils in die Mitte der Spinatblätter legen und einwickeln. Um jedes Spinatpäckchen 2 Scheiben Frühstücksspeck wickeln. In eine Grillschale legen und auf dem heißen Grill ca. 10 Minuten grillen.

SO SCHMECKT'S AUCH Sehr gute Alternativen zu Kabeljaufilet sind Rotbarsch- oder Schollenfilet, aber auch ganze Makrelen oder Forellen. Anstatt Spinat kann man auch eine bunte Gartenmischung, z. B. Zucchini, Gurken, Tomaten und Zucchiniblüten zusammenstellen.

DAS IST *wirklich* WICHTIG

[a] **EXTRASTARKE ALUFOLIE** beim Grillen verwenden, damit sie nicht reißt und Saft ausläuft und in die Glut tropft. Die Päckchen immer gut verschließen und mit dem Verschluss nach oben auf den Grill legen.

[b] **FISCH GRILLEN** Die zarten Filets müssen gut verpackt werden. Fischhaut ist sehr empfindlich und sollte nicht direkt mit dem Grillrost in Berührung kommen, da sie leicht daran kleben bleibt. Die Kräuterbutter und der Speck geben Geschmack und verhindern zusätzlich, dass der Fisch trocken wird.

[a]

[b]

DAS IST
wirklich
WICHTIG

[a] MARINIEREN Damit die zarten Fischfilets saftig bleiben und beim Grillen nicht austrocknen, werden sie mariniert. Zwischendurch wenden, damit die Oberfläche der Filets nicht zu wenig von der aromatischen Marinade abbekommt.

[b] GRILLEN Die Filets aus der Marinade nehmen, nur kurz abtropfen lassen, nicht trocken tupfen, und in die Aluschale geben. An den Rand des Grillrosts stellen, da die Hitze in der Mitte für die zarten Fischfilets zu groß ist.

[a]

[b]

HEILBUTTFILET
mit Kapern-Dip

DURCH DIE WÜRZIGE ZITRONEN-KRÄUTER-MARINADE, IN DIE MAN DIE FISCHFILETS VOR DEM GRILLEN EINLEGT, BEKOMMT DAS GERICHT EINEN MEDITERRANEN TOUCH.

Zutaten für 4 Portionen

½ Bund glatte Petersilie

1 Zweig Rosmarin

2 Knoblauchzehen

1 frische Chilischote

2 Bio-Zitronen

⅛ l Olivenöl

Saft von ½ Orange

8–10 schwarze Pfefferkörner

2 Lorbeerblätter

4 Heilbuttfilets (à 200 g)

Für den Dip

100 g Mayonnaise

1 EL Sardellenpaste

50 g eingelegte Kapern

2–3 EL trockener Weißwein

Pfeffer aus der Mühle

Zeitbedarf
▪ 30 Minuten +
  2 Stunden marinieren +
  15 Minuten grillen

So geht's

1. Petersilie und Rosmarin waschen, die Blättchen und die Nadeln abzupfen, die Blättchen hacken. Die Knoblauchzehen abziehen und fein hacken. Die Chilischote waschen, entkernen und fein würfeln.

2. Die Zitronen heiß waschen, trocken reiben und von 1 Zitrone etwas Schale abreiben. Von beiden Zitronen den Saft auspressen. Alle vorbereiteten Zutaten mit Olivenöl, Orangensaft, Pfefferkörnern und Lorbeerblättern vermischen.

3. Den Fisch kalt abspülen, trocken tupfen, in eine Schale legen und mit der Marinade übergießen. Mit Klarsichtfolie gut abdecken und für ca. 2 Stunden in den Kühlschrank stellen [→a].

4. Für den Dip die Mayonnaise mit Sardellenpaste, Kapern und Weißwein verrühren und mit Pfeffer würzen.

5. Die Fischfilets aus der Marinade nehmen, in eine Aluschale legen und über dem heißen Grill unter mehrmaligem Wenden 12–15 Minuten grillen [→b]. Mit dem Dip servieren.

Die Varianten

Mit Sherry-Marinade
6 EL trockenen Sherry, 4 EL Sonnenblumenöl, 1 TL abgeriebene Schale von 1 Bio-Orange, je 1 Prise edelsüßes und rosenscharfes Paprikapulver sowie 1 TL frisch gehackten Liebstöckel zu einer Marinade verrühren und die Fischfilets darin 2 Stunden einlegen. Anschließend in einer Aluschale gillen.

Kapern-Cornichons-Dip
1 hart gekochtes Ei sehr fein hacken und mit 1 TL Kräutersenf, 1 TL zerdrückten Kapern, 2 fein gewürfelten Cornichons, 3 EL Sherryessig und 6 EL Sonnenblumenöl zu einem Dip verrühren. Mit 1 Prise Zucker, Salz und Pfeffer würzen.

Cashew-Dip
50 g Cashewkerne klein hacken und mit 2 EL gehackter Petersilie, 3 EL Weißweinessig und 6 EL Sonnenblumenöl verrühren. Mit 1 Prise rosenscharfem Paprikapulver, Salz und Pfeffer würzen.

SO SCHMECKT'S AUCH Anstatt Heilbutt kann man auch anderes festfleischiges Fischfilet wie Lachs, Schwertfisch, Thunfisch, Seehecht, Tilapia oder Stör verwenden.

LACHSFILET
gegrillt und geräuchert

SMOKEN, DAS RÄUCHERN VON FISCH UND FLEISCH ÜBER DER GLUT, IST EIN HEISSER TREND
AUS DEM BARBECUE-LAND USA – UND GANZ EINFACH, WENN MAN EINEN GRILL MIT DECKEL HAT.

Zutaten für 4 Portionen

1 El Fenchelsamen

1 Bio-Orange

1 kleines Bund Dill

1 Lachsfilet mit Haut (ca. 800 g)

Meersalz

1 EL Zucker

besonderes Werkzeug
- Grill mit Deckel
- 1 Holzbrett (ca. 50 x 20 cm)
- 2 Handvoll Räucherchips

Zeitbedarf
- 20 Minuten +
  20 Minuten grillen +
  1 Stunde marinieren +
  ca. 12 Stunden einweichen

So geht's

1. Das Holzbrett über Nacht in Wasser einweichen. Die Holzchips ebenfalls 30 Minuten in eine Schüssel mit kaltem Wasser legen, danach abgießen und abtropfen lassen. Die Fenchelsamen im Mörser zerstoßen. Die Orange heiß abwaschen und in Scheiben schneiden, die Scheiben halbieren. Den Dill waschen, trocken schütteln, die groben Stiele entfernen.

2. Den Lachs mit der Hautseite auf das Holzbrett legen und mit etwas Meersalz, Zucker und Fenchelsamen bestreuen [→a]. Den Dill und die Orangenscheiben darauflegen. Das Lachsfilet mit Klarsichtfolie abdecken und ca. 1 Stunde im Kühlschrank marinieren.

3. Die abgetropften Räucherchips auf der heißen Grillkohle verteilen. Den Lachs aus dem Kühlschrank nehmen und die Folie entfernen. Den Lachs mit dem Holzbrett auf den Grill legen und den Deckel schließen [→b]. Je nach Dicke des Fischfilets ca. 20 Minuten grillen und räuchern.

Dazu passen Kartoffeln oder einfach ein Baguette.

RÄUCHERN Wer Raucharomen liebt, wird von dem tollen Geschmackserlebnis, das dieser saftig gegrillte Lachs bietet, begeistert sein. In allen geschlossenen Grillgeräten lassen sich ganz einfach Räuchereffekte erzielen. Dabei kommen Holzchips zum Einsatz, die es in verschiedenen Qualitäten und Geschmacksrichtungen (z. B. aus dem Holz von alten Whiskeyfässern) gibt, die gut mit dem jeweiligen Grillgut harmonieren.

ZUM RÄUCHERN DEN DECKEL SCHLIESSEN

[a]

DAS IST
wirklich
WICHTIG

[a] HOLZBRETT Verwenden Sie ein unbehandeltes Holzbrett (aus Buchen- oder Zedernholz), auf das Sie das Lachsfilet legen. Es darf auf keinen Fall geleimt sein.

[b] RAUCHAROMA Nicht nur durch die Holzchips, sondern auch durch das Holzbrett bekommt der Lachs ein feines Raucharoma und kann so auch nicht am Grillrost festkleben.

[b]

DAS IST
wirklich
WICHTIG

[a] GARNELEN PUTZEN Meist sind die Garnelen, die man kauft, bereits entdarmt. Anderenfalls am Rücken entlang einschneiden und den Darm, den schwarzen Faden, entfernen. Wer möchte, kann die Schalen der Garnelen auch beim Grillen dranlassen, als Schutz vor zu großer Hitze. Die Schale lässt sich beim Aufspießen gut etwas zur Seite schieben, wenn man sie am Rücken entlang einschneidet.

[b] SPIESSE STECKEN
Die kleinen Tomaten werden so aufgespießt, dass sie in die halbmondförmige Rundung der Scampi passen.

[b]

SCAMPI-SPIESSE
mit Pesto

EIN BESONDERS EDLES GRILLVERGNÜGEN: SAFTIGE GARNELEN MIT KIRSCH-
TOMATEN, DIE MIT WÜRZIGEM PESTO UND PINIENKERNEN SERVIERT WERDEN.

Zutaten für 4 Portionen

16 große, geschälte Garnelen
(Scampi)

2 EL Zitronensaft

Pfeffer aus der Mühle

16 aromatische Kirschtomaten

4 EL Olivenöl

4 Knoblauchzehen

Für das Pesto

100 g getrocknete Tomaten
in Olivenöl

3–4 Zweige Basilikum

50 g grüne Oliven mit
Paprikafüllung

100 ml Olivenöl

50 g gehackte Pinienkerne
zum Garnieren

Zeitbedarf
- 30 Minuten +
  30 Minuten marinieren +
  10 Minuten grillen

So geht's

1. Die Garnelen gegebenenfalls entdarmen [→a], waschen und mit Küchenpapier trocken tupfen. Mit Zitronensaft beträufeln und mit Pfeffer würzen. Die Kirschtomaten waschen und jeweils 1–2-mal mit einem scharfen Messer anritzen, damit sie beim Grillen nicht aufplatzen.

2. Jeweils 4 Scampi und 4 Tomaten auf 4 Spieße stecken [→b]. Das Olivenöl in eine kleine Schale geben. Die Knoblauchzehen abziehen und durch eine Presse zum Olivenöl drücken. Die Spieße damit rundherum einpinseln, mit Folie abdecken und bis zum Gebrauch in den Kühlschrank stellen.

3. Für das Pesto die Tomaten sehr fein hacken. Basilikum waschen, trocken schütteln, die Blättchen abzupfen und in Streifen schneiden. Die Oliven sehr klein schneiden. Alle vorbereiteten Zutaten mit dem Olivenöl verrühren, in eine Sauciere füllen, mit Folie abdecken und bis zum Gebrauch bei Zimmertemperatur stehen lassen.

4. Die Scampi-Spieße aus der Marinade nehmen, in eine Grillschale legen und über dem heißen Grill unter mehrmaligem Wenden 8–10 Minuten grillen.

5. Die Pinienkerne hacken und kurz in einer beschichteten Pfanne ohne Fett rösten. Über das Pesto streuen und zusammen mit dem Fisch servieren.

Die Variante

Fischspieße mit Ananas-Dip
600–800 g Fischfilets in entsprechende Stücke schneiden und in einer Schüssel mit 100 ml Ananassaft, 2 EL Pflanzenöl, ¼ TL geschrotetem schwarzem Pfeffer und 1 EL frischem, gehacktem Ingwer vermengen. Mit Folie abdecken und im Kühlschrank mindestens 1 Stunde marinieren. Die Fischfilets auf Holzspieße stecken, in eine Grillschale legen und dann 8–10 Minuten grillen.
Für den Dip 250 g frische, süße Ananas klein hacken und mit 1 TL grünem, eingelegtem Pfeffer, 1 TL Chilisauce, 1 TL Honig und 5 EL Walnussöl (oder Pflanzenöl) gründlich verrühren. In eine Sauciere füllen und mit 1 EL Kokosraspeln bestreuen.

SO SCHMECKT'S AUCH Wer nicht so viel Knoblauch möchte, kann die Scampi-Spieße auch mit einer Mischung aus 2 EL Zitronen- oder Limettensaft und 2 EL Olivenöl bepinseln.

MARINADEN
die würzigen Zartmacher

WEISSWEIN-MARINADE

3 EL Estragonessig mit 3 EL Olivenöl sowie ¼ l trockenem Weißwein vermischen. 1 EL eingelegte Kapern, 4–5 weiße Pfefferkörner, etwas abgeriebene Schale von 1 Bio-Zitrone und 2 Thymianzweige dazugeben.
Passt gut für Geflügel, Fisch und Rindfleisch.

ROTWEIN-MARINADE

¼ l trockenen Rotwein mit 100 ml Rotweinessig, 1 TL Zucker und 2 Lorbeerblättern aufkochen. Vollständig abkühlen lassen und mit je 1 EL getrocknetem Oregano und Basilikum sowie 1 TL Herbes de Provence würzen.
Ideal für Fleisch, vor allem für Rindfleisch.

ÖL-MARINADE

⅛ Liter Pflanzenöl mit 2 gewürfelten Knoblauchzehen und 1 gewürfelten kleinen Zwiebel verrühren. Dann mit etwa 10 zerstoßenen Pfefferkörnern und je 1 kräftigen Prise getrocknetem Majoran, Thymian und Basilikum würzen.
Passt für Fleisch und Gemüse.

ITALIENISCHE MARINADE

¼ l trockenen Weißwein mit 1 EL Marsala (süßer Dessertwein) und 3 EL Weißweinessig aufkochen. Dabei 1 gewürfelte Zwiebel und einige Salbeiblättchen einstreuen. Nach dem Aufkochen abkühlen lassen.
Passt gut für Gemüse und Fisch.

ASIATISCHE MARINADE

⅛ l Pflanzenöl mit 1 EL frisch gehacktem Ingwer, 1 EL Sojasauce, 1 TL Sesamöl und 1 EL zerstoßenen Korianderkörnern verrühren. Nach Belieben noch 1 EL Palmzucker und 1 EL gehacktes Koriandergrün unterrühren.
Passt gut für Fisch, Geflügel- und Rindfleisch.

INDISCHE MARINADE

250 g Vollmilchjoghurt mit 5 EL Pflanzenöl, 1 TL Currypulver, 1 TL schwarzem Kreuzkümmel, ¼ TL gemahlenem Kurkuma, ¼ TL zerstoßenen weißen Pfefferkörnern und 1 kräftigen Prise Ingwerpulver verrühren.
Passt besonders gut für Lamm und Geflügel.

HOT-PEPPER-MARINADE

⅛ l Pflanzenöl mit 5 EL Weißweinessig, Saft von 1 Limette (oder Zitrone) und 1 gewürfelten Chilischote verrühren. 2 gewürfelte Frühlingszwiebeln und ½ TL zerstoßene schwarze Pfefferkörner unterrühren.
Passt gut für Fisch und Geflügel.

TOMATEN-KRÄUTER-MARINADE

⅛ l Pflanzenöl mit 100 g passierten Tomaten und 100 ml trockenem Rotwein verrühren. Je 2 gewürfelte Knoblauchzehen und Schalotten sowie 2 EL frisch gehackte Kräuter (Petersilie, Oregano, Kerbel) einrühren.
Passt gut für Fisch, Fleisch und Gemüse.

SENF-MARINADE

2 EL scharfen Senf mit 4 EL Estragonessig und ⅛ l Pflanzenöl verrühren. 2 Knoblauchzehen abziehen, durch eine Presse drücken und mit ½ TL edelsüßem Paprikapulver sowie 1 EL getrocknetem Majoran würzen.
Passt für alle Fleischsorten.

BUTTERMILCH-MARINADE

200 ml Buttermilch mit 1 TL Aceto balsamico, 2 Lorbeerblättern, ½ TL Wacholderbeeren, 3 Pimentkörnern und 1 EL frisch gehackten Minzeblättchen verrühren.
Passt gut für Lamm und Wild.

MEERRETTICH-MARINADE

1 EL frisch geriebenen Meerrettich, 1 EL Zitronensaft, 1 TL scharfen Senf und ⅛ l Pflanzenöl verrühren. Mit Pfeffer würzen.
Passt gut für alle Fleischsorten, besonders für Schweinefleisch.

SCHWEINEFILET
mit Champignons

ROSMARINZWEIGE SIND SO FEST, DASS DIE KRÄUTER NICHT NUR FÜR WÜRZIGES AROMA SORGEN, SONDERN AUCH ALS SPIESS VERWENDET WERDEN KÖNNEN.

Zutaten für 4 Portionen

8 Zweige Rosmarin (5–7 cm lang)

8 Scheiben Schweinefilet (à 50 g)

Pfeffer aus der Mühle

8 EL Olivenöl

2 ½ Bio-Zitronen

500 g große Champignons

4 Knoblauchzehen

8 dünne Holz-Schaschlikspieße

Meersalz

Zeitbedarf
- 20 Minuten +
  1 Stunde marinieren +
  10 Minuten grillen

So geht's

1. Rosmarin waschen, trocken schütteln und von jedem Zweig so viele Nadeln abzupfen, dass an einem Ende nur noch ein kleiner Rest übrig ist. Jede Schweinefiletscheibe auf 1 Rosmarinzweig spießen [→a]. Auf einen Teller legen, auf beiden Seiten mit Pfeffer würzen und mit 4 EL Olivenöl beträufeln. Mit Folie abdecken und für 1 Stunde in den Kühlschrank stellen.

2. Ca. 1 EL Rosmarinnadeln etwas kleiner hacken. ½ Zitrone auspressen und den Saft mit 4 EL Olivenöl verrühren. Die Pilze putzen, mit dem Zitronen-Öl und den Rosmarinnadeln vermengen. Mit Klarsichtfolie abdecken und 1 Stunde in den Kühlschrank stellen.

3. 2 Zitronen heiß waschen und mit Küchenpapier abreiben. Dann in Achtel schneiden und eventuell vorhandene Kerne entfernen. Die Knoblauchzehen abziehen und je nach Größe längs halbieren oder vierteln.

4. Die marinierten Champignons mit den Zitronenecken und den Knoblauchstücken abwechselnd auf die Holzspieße stecken [→b].

5. Die marinierten Fleischstücke in eine Grillschale geben und auf dem heißen Grill unter mehrmaligem Wenden 8–10 Minuten grillen. Die Champignonspieße in eine zweite Grillschale geben und 5–6 Minuten grillen, dabei ebenfalls mehrmals wenden. Vor dem Servieren oder am Tisch mit Meersalz würzen.

Die Varianten

Mit Lammfleisch
Anstelle von Schweinemedaillons eignen sich auch Filets vom Lamm, die ebenfalls auf Rosmarinzweige gesteckt und gegrillt werden.

Mit Straußenfilet
Das Fleisch vom Strauß ist hocharomatisch und sehr fettarm. 8 Medaillons à 50 g marinieren, wie im Rezept beschrieben, und auf je 1 Rosmarinzweig stecken. Mit je 1 Scheibe Frühstücksspeck umwickeln. Auf eine Grillschale legen und auf dem heißen Grill ca. 10 Minuten grillen.

Champignons in Folie
Die Champignons marinieren, wie im Rezept beschrieben, und mit etwas Knoblauchbutter auf 4 Blätter Alufolie verteilen und zu Päckchen falten. In einer Grillschale auf dem heißen Grill 8–10 Minuten grillen. Die Päckchen auf den Tellern öffnen und mil ein paar Tropfen Aceto balsamico würzen.

DAS IST
wirklich
WICHTIG

[a] DIE ROSMARINZWEIGE mit dem von den Nadeln befreiten Stielende voran in das Fleisch stecken und die Filetscheiben aufspießen. Beim Grillen kann sich das Kräuter-Aroma durch die Wärme sehr gut im Fleisch entfalten.

[b] DIE CHAMPIGNONS der Optik wegen durch die Stiele auf den Holzspieß stecken. Die Knoblauchzehen quer durchstechen, damit sie nicht brechen.

[a]

DAS IST *wirklich* WICHTIG

[a] TASCHE EINSCHNEIDEN Dazu jedes Hähnchenbrustfilet quer mit einem sehr scharfen Messer von oben nach unten einschneiden, aber nicht durchschneiden, sodass jeweils eine Tasche für die Füllung entsteht.

[c] ANRICHTEN Die Hähnchen-Päckchen vor dem Anschneiden noch 5 Minuten ruhen lassen. Erst dann quer aufschneiden, mit dem Salat anrichten und mit dem Bratensaft, der sich in der Folie gebildet hat, beträufeln.

[a]

[b] FÜLLEN Mit einem Löffel die Schafskäsemasse locker in die Fleischtasche füllen, dabei die Ränder freilassen, damit man sie mit den Holzspießchen zustecken kann.

[b]

HÄHNCHENBRUST
mit Schafskäse gefüllt

GEGRILLTES HÄHNCHEN MAL ANDERS: MIT SCHAFSKÄSE WÜRZIG
GEFÜLLT UND GUT VERPACKT IN FOLIE SAFTIG GEGART.

Zutaten für 4 Portionen

4 Hähnchenbrustfilets (à 180 g)

Salz, Pfeffer aus der Mühle

¼ Bund glatte Petersilie

1 Knoblauchzehe

150 g Schafskäse

1 Ei (Größe M)

je 1 Prise edelsüßes und rosen-scharfes Paprikapulver

Zahnstocher

1 TL Zitronensaft

2 EL Olivenöl

½ Salatgurke

4 Radieschen

je 1 gelbe und rote Paprikaschote

200 g Maiskörner (Dose)

1 Avocado

1 EL Orangen- oder Zitronensaft

4 EL Olivenöl

2 EL weißen Balsamessig

Zeitbedarf

▪ 30 Minuten +
  1 Stunde kühlen +
  20 Minuten grillen

So geht's

1. Die Hähnchenbrustfilets kalt abspülen. Mit Küchenpapier trocken tupfen und in jede Hähnchenbrust eine Tasche schneiden [→a]. Innen und außen mit Salz und Pfeffer würzen.

2. Die Petersilie waschen, trocken schütteln, die Blättchen abzupfen und fein hacken. Die Knoblauchzehe schälen und hacken. Den Schafskäse klein würfeln und mit dem Ei sowie Petersilie und Knoblauch gut verrühren. Mit den beiden Paprikasorten würzen.

3. Die Käse-Kräuter-Mischung mit einem Teelöffel in die Fleisch-taschen verteilen und mit Holzspießchen schließen [→b]. Die ge-füllten Fleischtaschen mit einer Mischung aus Zitronensaft und Olivenöl beträufeln, mit Folie abdecken und für 1 Stunde in den Kühlschrank stellen.

4. Für den Salat die Gurke schälen, längs halbieren, entkernen und quer in Stücke schneiden. Die Radieschen putzen, waschen und feinblättrig schneiden. Das Radieschengrün grob hacken. Die Paprikaschoten waschen, Stielansatz und Kerne entfernen und in Streifen schneiden. Die Maiskörner abtropfen lassen. Die Avocado schälen, den Kern entfernen und das Fruchtfleisch in kleine Würfel schneiden. Mit Orangensaft beträufeln.

5. Alle vorbereiteten Zutaten für den Salat mit Olivenöl und Balsam-essig locker vermengen. Mit Salz und Pfeffer würzen und auf 4 Teller verteilen.

6. Jede gefüllte Hähnchenbrust in 1 Blatt Alufolie verpacken, auf eine Grillschale legen und auf dem heißen Grill 15–20 Minuten garen. Mit dem Salat servieren [→c].

Dazu passt ein Mango-Dip: 1 reife Mango mit 3–4 EL Orangensaft pürieren. 1 EL eingelegte, grüne Pfefferkörner und 1 EL gehacktes Koriandergrün oder Petersilie unterrühren. Mit Salz und Pfeffer würzen.

Die Varianten

Mit Tomaten gefüllt
2 gehäutete und entkernte Fleischtomaten klein würfeln und mit 1 EL gemischten ge-hackten Kräutern, 1 EL Oli-venöl, Salz und Pfeffer ver-mengen und in die Fleisch-taschen füllen.

Mit Knoblauch gefüllt
5 gehackte Knoblauchzehen mit 1 kleinen Handvoll fri-schen Basilikumblättchen, 1 EL Olivenöl, Salz und Pfef-fer vermengen und als Fül-lung verwenden.

Weißbrotfüllung
150 g kleine Brotwürfel in Kräuterbutter rösten, abküh-len lassen, mit 2 EL Crème fraîche oder Crème double, Salz und Pfeffer vermengen. Die Hähnchenbrusttaschen damit füllen.

GRILLHÄHNCHEN
mit Sesambutter

EINFACH, ABER RAFFINIERT: HÄHNCHENTEILE MIT EINER PRISE SÜDEN
MARINIERT UND MIT ZUTATEN AUS DER ASIATISCHEN KÜCHE SERVIERT.

Zutaten für 4 Portionen

2 küchenfertige Hähnchen

1 Bund Petersilie

8 EL Olivenöl

3 Knoblauchzehen

1 TL getr. Thymian

Saft von 2 Zitronen

100 g Sesamsamen

50 g Sesammus (Reformhaus)

100 g zimmerwarme Butter

Salz, Pfeffer aus der Mühle

Für den Salat

8 Blätter Chinakohl

100 g Sojabohnensprossen

2 Frühlingszwiebeln

200 g Litschis

3 EL Pflanzenöl

2 EL Reisweinessig

1 EL helle Sojasauce

Zeitbedarf
- 50 Minuten +
  1 Stunde marinieren +
  25 Minuten grillen

So geht's

1. Die Hähnchen jeweils in 4 Teile schneiden, waschen und mit Küchenpapier trocken tupfen. Die Petersilie waschen, trocken schütteln, die Blättchen abzupfen und fein hacken.

2. Das Olivenöl in eine Schale geben, die Knoblauchzehen abziehen und durch eine Presse dazudrücken. Mit Thymian, Zitronensaft und Petersilie vermengen. Die Hähnchenteile mit der Marinade vermischen, mit Folie abdecken und für mindestens 1 Stunde in den Kühlschrank stellen.

3. Die Sesamsamen in einer beschichteten Pfanne ohne Fett unter Schwenken 1–2 Minuten rösten, bis sie duften. Herausnehmen, im Mörser zerreiben und die Hälfte davon mit Sesammus und Butter gut verrühren. Mit Salz und Pfeffer würzen, mit Folie abdecken und bis zum Gebrauch in den Kühlschrank stellen.

4. Die Chinakohlblätter waschen, trocken schleudern und in sehr feine Streifen schneiden. Die Sojabohnensprossen waschen und abtropfen lassen. Die Frühlingszwiebeln putzen und grob würfeln. Die Litschis schälen, die Kerne entfernen, das Fruchtfleisch in Streifen schneiden.

5. Chinakohl, Sojabohnensprossen, Frühlingszwiebeln und Litschis in einer Schüssel locker vermengen. Pflanzenöl, Reisweinessig und Sojasauce verrühren, mit Salz und Pfeffer würzen und den Salat damit anmachen. Bis zum Servieren in den Kühlschrank stellen.

6. Die Hähnchenteile aus der Marinade nehmen und nur leicht abstreifen. In eine Aluschale geben und über dem heißen Grill unter mehrmaligem Wenden ca. 25 Minuten grillen. Die restlichen, gebräunten Sesamsamen über den Salat streuen und diesen zusammen mit der Sesambutter zu den gegrillten Hähnchenteilen servieren.

Die Variante

Sherry-Hähnchen
Die küchenfertigen Hähnchenteile mit einer Mischung aus 5 EL Olivenöl, 5 EL trockenem Sherry, 2 EL Sherryessig und 2 EL Honig vermengen. Die Oberfläche mit frischen Thymianzweigen belegen. Mit Klarsichtfolie abdecken und mindestens 1 Stunde im Kühlschrank marinieren. Aus der Marinade nehmen, mit schwarzem, geschrotetem Pfeffer würzen, in eine Grillschale legen und unter mehrmaligem Wenden 20–25 Minuten grillen. Mit einer Buttermischung aus 100 g Butter, 1 EL trockenem Sherry und 2 EL gehacktem Thymian servieren. Man kann die Butter auch mit 50 g klein gehackten schwarzen oder grünen Oliven variieren.

LAMMKOTELETTS
mit Minzsauce

LAMMFLEISCH UND MINZE SIND EIN GUT EINGESPIELTES GESCHMACKSDUO
AUS DER ENGLISCHEN KÜCHE, DAS SICH AUCH BEI DIESEM GERICHT BEWÄHRT.

Zutaten für 4 Portionen

2 Knoblauchzehen

4–6 frische Minzeblättchen

einige zerdrückte schwarze Pfefferkörner

1 EL Zitronensaft

100 ml Pflanzenöl

8 Lamm-Stielkoteletts vom Rücken

Für die Minzsauce

½ Bund Minze (ca. 10 Stängel)

1 Zwiebel

2 EL Olivenöl

1 TL Zucker

3 TL Sherryessig

100 ml Gemüsebrühe

100 g Crème fraîche

Salz, Pfeffer aus der Mühle

Zeitbedarf
- 30 Minuten +
  10 Minuten grillen +
  1 Tag marinieren

So geht's

1. Die Knoblauchzehen abziehen und durch eine Presse drücken. Die Minzeblättchen waschen, trocken tupfen und fein schneiden. Knoblauch und Minze mit Pfefferkörnern, Zitronensaft und Pflanzenöl verrühren.

2. Die Lammkoteletts kalt abspülen, mit Küchenpapier trocken tupfen und in eine Schale legen. Mit der Marinade überziehen, mit Folie abdecken und für 1 Tag in den Kühlschrank stellen. Die Koteletts dabei 1–2-mal wenden.

3. Für die Minzsauce die Minze waschen, trocken schütteln, die Blättchen abzupfen und fein hacken. Die Zwiebel abziehen, hacken und in einer Pfanne in heißem Olivenöl glasig dünsten. Zucker einstreuen und unter Rühren auflösen.

4. Die Hälfte der Minze hinzufügen und den Pfanneninhalt mit Sherryessig und Gemüsebrühe aufgießen. Einmal aufkochen lassen und die Pfanne vom Herd ziehen. Die restliche Minze und die Crème fraîche unterrühren. Mit Salz und Pfeffer würzen und die Sauce abkühlen lassen.

5. Die Lammkoteletts aus der Marinade nehmen, in eine Grillschale legen und auf dem heißen Grill unter mehrmaligem Wenden knapp 10 Minuten grillen. Vor dem Servieren einige Minuten ruhen lassen. Erst am Tisch salzen.

Die Variante

Koteletts mit Whiskeycreme
12 kleine Lammkoteletts auf ein Kräuterbeet von Rosmarin und Thymian legen. Mit einer Mischung aus 2 EL Zitronensaft, 2 EL Whiskey und 4 EL Pflanzenöl beträufeln, mit Folie abdecken und 1 Tag im Kühlschrank marinieren. Die Koteletts grillen (siehe Rezept).
Für die Whiskeycreme 50 g Crème fraîche mit 50 g saurer Sahne, 1 EL Whiskey, 1 Prise Zucker, Salz, schwarzem geschrotetem Pfeffer sowie 1 kräftigen Prise Zitronenpfeffer würzen. Die fertig gegrillten Lammkoteletts auf dem Teller mit etwas Zitronensaft sowie ein paar Tropfen Whiskey beträufeln.

BESONDERS GUT SCHMECKT das würzige Fleisch von Lämmern aus Heidegebieten (z. B. von Heidschnucken aus der Lüneburger Heide) oder von Salzwiesenlämmern, die an der Nordseeküste grasen.

GRILLSAUCEN

am besten selbst gemacht

SENFSAUCE

2 EL Dijon-Senf (oder mittelscharfen Kräutersenf) mit 200 g saurer Sahne glatt rühren. ½ Bund Schnittlauch waschen, trocken schütteln, in Röllchen schneiden und unterrühren. Mit Salz und Pfeffer würzen. Nach Belieben mit 1 Msp. Currypulver oder geschrotetem Zitronenpfeffer abschmecken.
Passt sehr gut zu Schweinefleisch.

CURRYSAHNE

50 g Mandelblättchen in einer beschichteten Pfanne 1–2 Minuten unter Schwenken hellbraun rösten. 200 g saure Sahne mit 1 EL Honig oder Ahornsirup, 1 TL Currypulver sowie 1 EL Zitronensaft verrühren. Mit Salz, Pfeffer und nach Belieben mit 1 Msp. Kreuzkümmel würzen. Mandelblättchen und nach Belieben 1 EL Koriandergrün darüberstreuen.
Passt besonders gut zu Geflügel.

CURRYSCHAUM

200 g geschlagene Sahne mit 1 EL braunem Zucker, Salz, Pfeffer und 1 EL Currypulver verrühren. Nach Belieben 1 klein gewürfelte Mango oder 2 gewürfelte Aprikosen oder Pfirsiche unterheben.
Passt gut zu Gemüse- und Geflügelgerichten.

ERDNUSSBUTTERSAUCE

100 g Erdnussbutter unter ständigem Rühren bei kleiner Hitze erwärmen. Mit 2 EL Zitronensaft, 1 EL braunem Zucker, 1 Msp. gemahlenem Ingwer, 1 Prise Cayennepfeffer und 1 EL Sojasauce würzen.
Passt gut zu Rindfleisch und Geflügel.

AVOCADOCREME

2 Tomaten häuten, entkernen und in kleine Würfel schneiden. 1 große reife Avocado schälen, den Kern entfernen und das Fruchtfleisch mit 100 g saurer Sahne und 2 EL Zitronensaft pürieren. Tomatenwürfel und 1 EL gehackte Petersilie oder Koriandergrün unterziehen und mit Salz, Pfeffer und 1 Prise Cayennepfeffer würzen.
Passt vor allem zu Fisch- und Geflügelgerichten, aber auch zu Gemüse.

AIOLI

7 Knoblauchzehen abziehen und durch die Presse drücken. Mit 1 TL scharfem Senf, 1 kräftigen Prise Salz sowie 2 Eigelben gut verrühren. Mit einem Stabmixer 150 ml Olivenöl langsam nach und nach unterschlagen, bis eine cremige Sauce entsteht. Mit Pfeffer und 1 TL Zitronensaft würzen.
Passt zu allen Grillgerichten.

SARDELLENDIP

2 Sardellenfilets und 50 grüne Oliven mit Paprikafüllung fein hacken. 1 rote Paprikaschote entkernen und klein würfeln. 1 kleine Zwiebel schälen und fein reiben. Alle Zutaten gut mit 100 g Mayonnaise und 100 g saurer Sahne vermengen. Mit Pfeffer und etwas Tabascosauce abschmecken.
Passt gut zu gegrilltem Fisch.

BANANENSAUCE

1 große, reife Banane mit 1 EL Zitronensaft und 1 EL Honig mit einer Gabel zu Brei zerdrücken. Nach und nach mit 5 EL Orangensaft, 200 g saure Sahne, 1 EL Kräutersenf und 1 EL gehackter Petersilie verrühren. Dann mit ¼ TL Currypulver, Salz und Pfeffer würzen. Mit Kokosraspeln garnieren.
Passt gut zu Geflügelgerichten.

ZWIEBEL-SPECK-CREME

2 große Zwiebeln und 4 Knoblauchzehen in Streifen schneiden. Mit 50 g Räucherspeckwürfeln in 4 EL Pflanzenöl einige Minuten braten. Mit 100 ml Fleischbrühe aufgießen und bei mittlerer Hitze 20 Minuten dünsten. Die Pfanne vom Herd ziehen und den Pfanneninhalt mit 2 EL gehackter Petersilie, 200 g saurer Sahne sowie 1 TL scharfem Senf vermischen. Mit edelsüßem und rosenscharfem Paprikapulver, 1 TL Kümmel, Salz und Pfeffer würzen.
Schmeckt gut zu Würstchen, aber auch zu Schweinenackensteaks und Koteletts.

GRILLGEMÜSE
mit Artischocken-Dip

EINE BUNTE AUSWAHL KNACKIG-FRISCHER GEMÜSE DER SAISON – DAS SCHMECKT NICHT NUR ALS BEILAGE ZU GEGRILLTEM FLEISCH ODER FISCH, SONDERN IST AUCH SOLO EIN GENUSS!

Zutaten für 4 Portionen

250 g kleine, grüne Bohnen

1 kleine Aubergine

Salz

je 1 grüne und rote Paprikaschote

1 Zucchini

250 g Austernpilze

4 kleine Tomaten

4 Scheiben Parmaschinken

2 Knoblauchzehen

1 TL gehackte Minze

5–6 EL Olivenöl

Für den Artischocken-Dip

100 g Artischockenböden (Glas)

1 EL Zitronensaft

150 g Vollmilchjoghurt

50 g grüne, entsteinte Oliven

1 EL gemischte Kräuter

Salz, Pfeffer aus der Mühle

Zeitbedarf
- 50 Minuten + 20 Minuten grillen

So geht's

1. Die Bohnen putzen, waschen und in kochendem Wasser 1 Minute blanchieren. Abgießen, mit kaltem Wasser abschrecken und abtropfen lassen [→a]. Die Aubergine waschen, je nach Dicke längs halbieren, quer in Scheibchen schneiden und mit Salz bestreuen. Ca. 10 Minuten ziehen lassen.

2. Die Paprikaschoten waschen, entkernen und längs vierteln. Die Zucchini waschen und in Scheiben schneiden. Die Austernpilze putzen und je nach Größe längs halbieren. Die Tomaten waschen und auf der Oberfläche kreuzweise einschneiden.

3. Die Bohnen in 4 Portionen teilen und jeweils mit 1 dünnen Scheibe Parmaschinken umwickeln [→b]. Die Auberginen mit kaltem Wasser abwaschen und mit Küchenpapier trocken tupfen. Alle vorbereiteten Gemüse in einer Grillschale anrichten [→c].

4. Für den Dip die Artischockenböden mit Zitronensaft und Joghurt mit einem Stabmixer pürieren. Die Oliven und die Kräuter fein hacken und unter den Joghurt-Dip rühren. Mit Salz und Pfeffer würzen, mit Folie abdecken und bis zum Gebrauch in den Kühlschrank stellen.

5. Den Knoblauch abziehen, fein hacken und mit Minze sowie mit Olivenöl verrühren. Das Gemüse damit bepinseln und auf dem heißen Grill ca. 15 Minuten bissfest grillen.

Die Variante

Gemüsespieße
4 Frühlingszwiebeln je nach Größe halbieren oder vierteln und abwechselnd mit 250 g grünem Spargel (jeweils in Drittel geschnitten) und 250 g gekochten Kartoffelstücken auf Spieße stecken. Je nach Geschmack dazwischen Zitronenscheiben stecken. Die Gemüsespieße mit einer Mischung aus 1 EL Orangensaft und 5 EL Olivenöl beträufeln. Mit Folie abdecken und im Kühlschrank 1 Stunde marinieren. Anschließend auf eine Grillschale legen und unter mehrmaligem Wenden 12–15 Minuten grillen.
500 g Möhren auf einer Küchenreibe grob raspeln und mit 3 EL Thai-Chili-Sauce, 2 EL Orangensaft, 2 EL Olivenöl und ¼ TL Currypulver locker vermengen. Mit Salz und Pfeffer würzen, auf 4 Teller verteilen und darauf die Grillspieße anrichten.

SO SCHMECKT´S AUCH Das gegrillte Gemüse auf dem Teller mit etwas Aceto balsamico beträufeln. Oder mit aromatisiertem Olivenöl (z. B. mit Zitronensaft, Orangensaft, Chili oder Nuss).

DAS IST *wirklich* WICHTIG

[a] **GRÜNE BOHNEN** werden blanchiert und anschließend am besten mit eiskaltem Wasser abgeschreckt, damit sie ihre schöne grüne Farbe behalten und auch, um mit den anderen Gemüsesorten gleichzeitig gar zu werden.

[b] **UMWICKELN** In Schinkenscheiben eingewickelt sind die zarten Bohnenbündel gut vor der Hitze geschützt und bekommen ein besonders würziges Aroma.

[c] **SAISONGEMÜSE** Die Gemüse sind nur Vorschläge, die gegen andere marktfrische Angebote oder die Ernte aus dem Garten getauscht werden können. Ideal zum Grillen sind alle fleischigen Gemüsesorten wie z. B. Auberginen, Paprika, Zucchini oder Pilze. Vor dem Grillen mit Öl bestreichen, um sie vor dem Austrocknen zu schützen.

[c]

DAS IST
wirklich
WICHTIG

[a] PILZE VORBEREITEN Die Champignons brauchen nicht gewaschen zu werden, es reicht, sie mit einem feuchten Tuch abzureiben. Die Stiele lassen sich ganz einfach mit der Hand herausdrehen.

[b] PILZE FÜLLEN Je nach Größe der Champignons die Füllung mit einem Tee- oder Esslöffel in die Köpfe verteilen. Auf großzügig bemessene Alufolienblätter legen und die Enden nach oben locker verschließen.

[b]

CHAMPIGNONS
fein gefüllt

GROSSE CHAMPIGNONKÖPFE BIETEN REICHLICH PLATZ FÜR VERSCHIEDENE
KÖSTLICHE FÜLLUNGEN MIT GEMÜSE, FLEISCH, KÄSE ODER GARNELEN.

Zutaten für 4 Portionen

500 g große Champignons

150 ml Olivenöl

Saft von 1 Zitrone

½ TL Zitronenpfeffer

½ Bund Petersilie

5 Stiele Basilikum

1 Fleischtomate

1 kleine Zwiebel

50 g frisch geriebenes Weißbrot

Salz, Pfeffer aus der Mühle

Zeitbedarf

- 30 Minuten +
  2 Stunden marinieren +
  15 Minuten grillen

So geht's

1. Die Pilze putzen und die Stiele entfernen [→a]. 100 ml Olivenöl mit Zitronensaft und Zitronenpfeffer verrühren. Die Champignons in eine Schüssel legen, mit dem Zitronenöl gut vermengen, mit Folie abdecken und für etwa 2 Stunden zum Marinieren in den Kühlschrank stellen.

2. Die Petersilie und das Basilikum waschen, trocken schütteln, die Blättchen abzupfen und fein hacken. Die Fleischtomate kurz blanchieren, häuten, entkernen und das Fruchtfleisch sehr fein würfeln. Die Zwiebel schälen und hacken.

3. Das restliche Olivenöl in einer Pfanne erhitzen und darin die Zwiebeln glasig andünsten. Die Tomatenwürfel hinzufügen und unter Rühren 1 Minute dünsten. Die Pfanne beiseiteziehen und den Pfanneninhalt mit dem geriebenen Weißbrot und den Kräutern vermengen. Mit Salz und Pfeffer würzen.

4. Die marinierten Champignons mit der Kräutermischung füllen [→b]. Jeweils 2 gefüllte Champignons auf ein großes Blatt Alufolie setzen und verschließen. Die Päckchen möglichst am Rand des Grills platzieren und die Champignons 10–15 Minuten grillen.

Passt sehr gut als Beilage zu gegrilltem Fisch. Für Vegetarier dazu Knoblauch- oder Kräuterbaguette und Grill-Gemüsespieße (siehe Seite 136) servieren.

Die Varianten

Mit Mozzarella
150 g klein gewürfelten Mozzarella mit 1 EL gehacktem Oregano, 2 EL Olivenöl und 1 TL Pesto vermischen und die Champignons füllen.

Mit Hackfleisch
150 g gemischtes Hackfleisch mit je 1 gehackten Zwiebel und Knoblauchzehe in 2 EL Olivenöl krümelig braten. Mit 1 EL Tomatenketchup verrühren, mit Salz und Pfeffer würzen. In die Champignons füllen.

Mit Garnelen
150 g geschälte, gekochte Garnelen fein hacken, mit 1 EL gehacktem Dill und 2 EL Sonnenblumenöl vermengen. Mit Salz und Pfeffer würzen und die Champignons damit füllen.

Mit Tomaten und Käse
100 g gewürfelte Pizzatomaten mit 50 g geraspeltem Hartkäse und einigen frischen Rosmarinnadeln vermengen. Mit Salz, Pfeffer und 1 Prise Cayennepfeffer würzen und in die Champignons füllen.

FOLIENKARTOFFELN
mit feinen Dips

WAS WÄRE GRILLEN OHNE DIE „TOLLE KNOLLE", VOR ALLEM MIT VERSCHIEDENEN LECKEREN DIPS. GROSSE, VORWIEGEND FEST-KOCHENDE KARTOFFELN AM BESTEN 20 MINUTEN VORKOCHEN. DANN JEWEILS AUF EIN BLATT ALUFOLIE GEBEN, MIT KRÄUTER-SALZ BESTREUEN, GUT VERPACKEN UND FÜR 15 MINUTEN AUF DEN GRILL LEGEN. ROHE KARTOFFELN BRAUCHEN 40–50 MINUTEN.

TSATSIKI

500 g Vollmilchjoghurt mit ½ geschälten, entkernten und fein gewürfelten Salatgurke, 1–
2 fein gehackten Knoblauchzehen, 3 EL Olivenöl, 1 TL Zitronensaft und 1 EL gehacktem
Dill verrühren. Mit Salz und Pfeffer aus der
Mühle abschmecken.

TOMATEN-DIP

500 g Tomaten kurz heiß überbrühen, häuten,
entkernen und sehr fein würfeln. 1–2 Knoblauchzehen abziehen, grob hacken und mit
¼ TL Salz im Mörser zerreiben. Alles zusammen mit 1 entkernten, klein gewürfelten Chilischote und 100 g geriebenem Hartkäse vermischen.

CHAMPIGNON-DIP

150 g Champignons ohne Stiele klein schneiden und mit 2 EL gehackten Kräutern (Dill,
Estragon, Petersilie) sowie 150 g Kefir und
150 g saurer Sahne verrühren. Mit 1 TL mit-
telscharfem Senf, 1 Prise Zucker, Salz und
Pfeffer würzen.

ROQUEFORT-DIP

150 g Roquefort in einer Schüssel mit einer
Gabel zerdrücken und mit 100 g Sahne und
100 g saurer Sahne cremig rühren. Mit Salz
und Pfeffer aus der Mühle würzen und mit
50 g gehackten Pistazienkernen bestreuen.

LACHS-DIP

400 g Schmand mit 1 EL gehacktem Dill,
1 EL Sahnemeerrettich, 100 g in feine Streifen
geschnittenem Räucherlachs und 1 TL Zitronensaft verrühren. Mit Salz und Pfeffer aus der
Mühle würzen.

AUBERGINEN-DIP

2 Auberginen (ca. 500 g) halbieren, die Schnittflächen mit etwas Öl bestreichen und mit der
Schnittfläche nach unten auf Alufolie im Ofen
bei 200 °C ca. 30 Minuten garen. Etwas auskühlen lassen, dann das Fruchtfleisch mit einem Löffel aus den Schalen kratzen und mit
1 abgezogenen Knoblauchzehe, 1 EL Zitronensaft und 4 EL Olivenöl mit dem Stabmixer pürieren. Je 1 EL gehackte Minze, Petersilie und
Oregano unterrühren, mit Salz und Pfeffer
würzen. Mit etwas edelsüßem und rosenscharfem Paprikapulver bestäuben.

ZIEGENKÄSE-DIP

200 g cremigen Ziegenkäse mit 100 g flüssiger
Sahne, 1 EL gehacktem Thymian und 1 TL abgeriebener Schale von ¼ Bio-Orange cremig
rühren. Mit Lavendelsalz und Zitronenpfeffer
kräftig würzen. Zum Servieren 50 g entsteinte,
in Streifen geschnittene schwarze Oliven darüber streuen.

THUNFISCH-DIP

1 kleine Dose Thunfisch (im eigenen Saft) mit
1 EL eingelegter Kapern sowie 1 EL Kapern-
sud mit 150 g Mayonnaise und 1 EL Zitronensaft mit dem Stabmixer pürieren. 2 EL gehackte Petersilie unterrühren und mit Salz und
Pfeffer würzen.

MANGO-DIP

Das Fruchtfleisch von 2 kleinen, süßen Man-
gofrüchten mit 1 EL Honig und dem Saft von
1 Zitrone mit dem Mixer pürieren. 2 EL klein
geschnittene Perlzwiebeln und 1 EL Einlege-
saft davon unterrühren und mit 1 TL heller
Sojasauce, 1 Prise Ingwerpulver, Salz und Pfeffer würzen.

QUARK-DIP

500 g Sahnequark mit 1 fein gewürfelten
Zwiebel und ¼ Bund gehackter Petersilie
verrühren. Mit Salz und Pfeffer aus der Mühle
würzen.

SCHWEINEFILET
mit süß-sauer Sauce

Zutaten für 4 Portionen

1 Stück frische Ingwerwurzel (ca. 2–3 cm)

4 EL Reiswein oder trockener Sherry

2 EL Sojasauce

4 EL Pflanzenöl

8 Schweinemedaillons (à 100 g)

Für die Sauce

½ Stange Lauch (nur das Weiße)

1 Knoblauchzehe

2 EL Pflanzenöl

5 EL Reiswein oder trockener Sherry

2 EL brauner Zucker

100 ml Fleischbrühe

Zeitbedarf

▪ 30 Minuten +
  1 Tag marinieren +
  8 Minuten grillen

So geht's

1. Den Ingwer schälen, fein hacken und mit Reiswein, Sojasauce und Pflanzenöl verrühren. Über die Medaillons gießen, mit Folie abdecken und für 1 Tag zum Marinieren in den Kühlschrank stellen.

2. Für die Sauce den Lauch putzen und waschen. Die Knoblauchzehe abziehen. Beides fein würfeln und in heißem Pflanzenöl andünsten. Mit Reiswein ablöschen und unter Rühren den Zucker darin auflösen. Mit Brühe aufgießen, einmal aufkochen lassen und in eine Sauciere füllen.

3. Die Medaillons aus der Marinade nehmen, leicht abstreifen und in eine Grillschale legen. Über dem heißen Grill unter mehrmaligem Wenden ca. 8 Minuten grillen. Die Sauce warm oder kalt mit dem Fleisch servieren.

KALBSSTEAK
mit Senfbutter

Zutaten für 4 Portionen

100 g zimmerwarme Butter

1 EL scharfer Senf

1 EL gehackter Kerbel

1 EL Zitronensaft

1 EL eingelegte Kapern

4 Kalbssteaks (à 200–250 g)

Pfeffer aus der Mühle

8 Scheiben Frühstücksspeck

Zeitbedarf

▪ 20 Minuten +
  12 Minuten grillen

So geht's

1. Die Butter in einer kleinen Schüssel mit Senf, Kerbel, Zitronensaft und Kapern gut verrühren. Mit Folie abdecken und bis zum Gebrauch in den Kühlschrank stellen.

2. Die Kalbssteaks mit Pfeffer würzen, in eine Grillschale legen und unter mehrmaligem Wenden über dem heißen Grill 10–12 Minuten grillen. Kurz vor Ende der Grillzeit die Speckscheiben auflegen und 1–2 Minuten grillen.

3. Je 2 Scheiben Speck mit 1 gegrillten Kalbssteak anrichten und mit Senfbutter servieren.

LAMMHACKFLEISCH
mit Safran-Dip

Zutaten für 4 Portionen

1 mittlere Zwiebel

2 Knoblauchzehen

800 g Lammhackfleisch

1 TL getr. Thymian

½ TL Kreuzkümmel

Salz, Pfeffer aus der Mühle

5 EL Olivenöl

Für die Sauce

1 Bund glatte Petersilie

250 g Vollmilchjoghurt

Saft von 1 Zitrone

1 Msp. gemahlener Safran

einige Safranfäden

1 Bio-Zitrone

Zeitbedarf

- 30 Minuten +
  1 Stunde marinieren +
  10 Minuten grillen

So geht's

1. Zwiebel und Knoblauchzehen abziehen und auf einer Küchenreibe zum Hackfleisch reiben. Zusammen mit Thymian, Kreuzkümmel, Salz und Pfeffer würzen und fest verkneten.

2. Aus dem Hackfleischteig 16 Bällchen formen und je 4 davon auf 1 Holzspieß stecken. Die Spieße rundherum mit Olivenöl bepinseln, auf eine Platte legen, mit Folie abdecken und für mindestens 1 Stunde in den Kühlschrank stellen.

3. Für die Sauce Petersilie waschen, trocken schütteln, die Blättchen abzupfen und fein hacken. Mit dem Joghurt verrühren, mit Zitronensaft, Safran und Safranfäden würzen. Die Sauce mit Salz und Pfeffer abschmecken, mit Folie abdecken und bis zum Gebrauch in den Kühlschrank stellen.

4. Die Hackfleischspieße in Aluschalen legen und auf dem heißen Grill unter mehrmaligem Wenden 8–10 Minuten grillen. Die Zitrone in Scheiben schneiden, auf die Teller geben und darauf die gegrillten Spieße legen. Mit dem Dip servieren.

RINDERFILET
mit Chilisauce

Zutaten für 4 Portionen

1 Zwiebel

2 Knoblauchzehen

Saft von 2 Zitronen

¼ l trockener Rotwein

2 Lorbeerblätter

4 Rinderfiletsteaks (à 250 g)

Für die Chilisauce

1 kleine rote Chilischote

1 kleine Zwiebel

1 Knoblauchzehe

2 Zitronen oder Limetten

2 EL gehacktes Koriandergrün oder Petersilie

1 Prise Zucker

6 EL Olivenöl

Salz, Pfeffer aus der Mühle

Zeitbedarf

- 40 Minuten +
  1 Tag marinieren +
  15 Minuten grillen

So geht's

1. Die Zwiebel und die Knoblauchzehen abziehen und fein hacken. Mit Zitronensaft, Rotwein und Lorbeerblättern vermischen und über die Steaks gießen. Mit Folie abdecken und für 1 Tag in den Kühlschrank stellen. Zwischendurch 1–2-mal wenden.

2. Für die Sauce die Chilischote putzen, entkernen und hacken. Die Zwiebel und die Knoblauchzehe abziehen und fein hacken. Die Zitronen auspressen. Chili, Zwiebeln, Knoblauch, Koriander, Zitronensaft, Zucker und Olivenöl verrühren. Mit Salz und Pfeffer würzen.

3. Die Steaks aus der Marinade nehmen, leicht abtupfen und in eine Grillschale geben. Über dem heißen Grill unter mehrmaligem Wenden und je nach gewünschtem Gargrad 10–15 Minuten grillen.

KALBSSCHNECKEN
mit Tomaten-Salsa

DIE WÜRZIGEN FLEISCHSCHNECKEN SIND GESCHMACKLICH UND AUCH OPTISCH EIN GENUSS UND KOMMEN BEI IHREN GÄSTEN SICHER GUT AN.

Zutaten für 4 Portionen

4 dünne, große Kalbsschnitzel (à 200 g)

Pfeffer aus der Mühle

1 Knoblauchzehe

2 EL mittelscharfer Senf

¼ Bund gemischte Kräuter

2 EL Zitronensaft

5 EL Olivenöl

8 Schaschlikspieße aus Holz

Für die Tomaten-Salsa

500 g aromatische Tomaten

1 frische, rote Chilischote

4 EL Olivenöl

2 EL Sherryessig

Salz, Pfeffer aus der Mühle

Zeitbedarf
- 40 Minuten +
  15 Minuten grillen

So geht's

1. Die Kalbsschnitzel in ca. 2 x 10 cm lange Streifen schneiden, auf einer Arbeitsfläche auslegen und mit Pfeffer würzen. Die Knoblauchzehe abziehen, fein würfeln und mit Senf verrühren.

2. Die Kräuter waschen, trocken schütteln, die Blättchen abzupfen und fein hacken. Mit Zitronensaft, Olivenöl und dem Knoblauch-Senf verrühren. Die Fleischstreifen damit bestreichen und jeden davon zu einer Schnecke aufrollen [→a].

3. Die Fleischschnecken auf Schaschlikspieße [→b] stecken und auf eine Grillschale legen. Oder bis zum Gebrauch mit Folie abdecken und in den Kühlschrank stellen.

4. Die Tomaten waschen und in kleine Würfel schneiden. Die Chilischote säubern, entkernen und fein würfeln. Olivenöl in einer Pfanne erhitzen und darin die Chili- und Tomatenwürfel 8–10 Minuten gut durchschmoren lassen. Anschließend den Pfanneninhalt durch ein Sieb streichen und mit Sherryessig, Salz und Pfeffer würzen. In einer Sauciere anrichten.

5. Die Kalbfleischspieße auf den Grill legen und unter mehrmaligem Wenden 12–15 Minuten grillen. Die Spieße mit der Tomaten-Salsa servieren.

Die Variante

Knoblauchschnecken mit Couscous
Die Kalbfleischstreifen mit Pfeffer würzen, aufrollen und auf die Spieße stecken. Mit einer Mischung aus 4 durchgepressten Knoblauchzehen und 5 EL Olivenöl beträufeln, abdecken und im Kühlschrank mindestens 1 Stunde marinieren lassen. Inzwischen 200 g Couscous (groben Hartweizengrieß) in 200 ml kochendes Salzwasser streuen, den Topf vom Herd ziehen und den Grieß zugedeckt ca. 10 Minuten quellen lassen. Dann durchrühren, abkühlen lassen und mit 1 geschälten, entkernten und gewürfelten Salatgurke sowie 2 EL gehackter Petersilie locker vermengen. Mit Salz, Pfeffer und etwas Kreuzkümmel oder einer Prise Muskatnuss würzen. Die Fleischspieße grillen und auf dem Couscous servieren.

DAS IST *wirklich* WICHTIG

[a] FLEISCHSCHNECKEN Die Kalbsschnitzel müssen sehr dünn geschnitten sein, sonst ist die Schnecke nach dem Aufrollen zu dick. Wenn nötig, die Schnitzel mit der flachen Seite des Fleischklopfers plattieren, bevor man sie in Streifen schneidet und gleichmäßig und dünn bestreicht.

[b] DIE HOLZSPIESSE vor der Verwendung ca. 10 Minuten in kaltem Wasser einweichen, damit sie hitzebeständiger werden. Außerdem entziehen sie, wenn sie mit Wasser vollgesaugt sind, dem Gargut weniger Saft und das Fleisch bleibt saftiger. Metallspieße sind nicht so empfehlenswert, weil sie sehr heiß werden.

[a]

DAS IST *wirklich* WICHTIG

[a] ANANAS SCHÄLEN Zuerst den Blatt-schopf großzügig abschneiden, dann die Ananas senkrecht auf die Arbeitsplatte stellen und von oben nach unten die harte Schale wegschneiden, dabei auch die dunklen „Augen" am Fruchtfleisch entfer-nen. Die geschälte Frucht längs in Viertel schneiden und von jedem Viertel längs den festen, faserigen Strunk abschneiden.

[b] SPIESSE STECKEN Jeden Fleischstrei-fen zweimal durchstechen und dazwi-schen jeweils ein Ananas- oder Schalot-tenstück stecken. Dadurch wird das Fleisch besser aromatisiert und sieht zudem optisch sehr ansprechend aus.

[b]

PUTEN-SPIESSE
mit Ananas

ZARTES, MAGERES PUTENFLEISCH IST, EBENSO WIE HÄHNCHENFILET, EIN IDEALER KULINARISCHER PARTNER FÜR SAFTIGE FRÜCHTE, VOR ALLEM FÜR DIE ANANAS.

Zutaten für 4 Portionen

600 g Putenbrustfilet

Salz

¼ TL grob geschroteter schwarzer Pfeffer

1 grüne, kleine Chilischote

1 Stück Ingwerwurzel (2–3 cm)

150 g Vollmilchjoghurt

1 EL Pflanzenöl

1 Msp. gemahlener Safran

1 Schalotte

1 kleine, saftige Sweet-Ananas

8 Schaschlik-Spieße aus Holz

Zeitbedarf

- 30 Minuten +
  2 Stunden marinieren +
  15 Minuten grillen

So geht's

1. Das Putenbrustfilet kalt abspülen und mit Küchenpapier trocken tupfen. Das Fleisch in schmale Streifen schneiden, sodass man sie 2-mal durchstechen kann. Mit den Händen etwas Salz und Pfeffer in das Fleisch einmassieren.

2. Die Chilischote waschen, entkernen und fein würfeln. Den Ingwer schälen und fein hacken. Chili und Ingwer mit Joghurt, Pflanzenöl und Safran verrühren und mit den Putenfleischstreifen vermengen. Mit Folie abdecken und zum Marinieren für mindestens 2 Stunden in den Kühlschrank stellen.

3. Die Schalotte schälen, vierteln, die Viertel halbieren und diese in einzelnen Schichten auseinanderziehen. Die Ananas schälen, vierteln, den Strunk entfernen und das Fruchtfleisch in kleine Stücke schneiden [→a].

4. Die Holzspieße 10 Minuten in kaltes Wasser legen (siehe Seite 145). Das marinierte Putenfleisch abwechselnd mit den Schalotten und den Ananasstücken auf die Spieße stecken [→b]. Die restlichen Ananasstücke separat dazu reichen.

5. Eine Grillschale mit Alufolie auslegen und die Putenspieße darauf legen. Die Spieße unter mehrmaligem Wenden auf dem heißen Grill 10–15 Minuten grillen.

Dazu passt ein Ananas-Dip: Dafür das restliche Ananasfruchtfleisch fein hacken und mit 150 g Joghurt, 1 EL gehacktem Koriandergrün oder Petersilie, 1 Prise Cayennepfeffer, Salz und Pfeffer verrühren.

Die Varianten

Mit gemischten Früchten
Die Putenfleischstreifen mit 1 in Scheiben geschnittenen Banane, 8 Physalis und Apfelstückchen abwechselnd auf Spieße stecken. Mit der Joghurt-Marinade nochmals bepinseln, damit auch die Früchte saftig bleiben.

Mit Apfel und Zwiebel
Putenfleischstreifen unmariniert mit 1 geschälten, in Stücke geschnittenen Zwiebel sowie 1 in Stücke geschnittenen Apfel abwechselnd aufspießen. Mit einer Mischung aus 4 EL Olivenöl, 1 TL frischen Majoranblättchen (oder ½ TL getrockneten) sowie abgeriebener Schale von ¼ Bio-Zitrone üppig bepinseln.

Mit Mango
Anstatt Ananas 1 saftige süße Mango in Stücke schneiden und abwechselnd mit den marinierten Putenfleischstreifen aufspießen. Die Mangostücke auch mit der Joghurtmarinade bepinseln, zusätzlich noch mit ¼ TL Kreuzkümmel würzen.

SO SCHMECKT'S AUCH Man kann die Joghurtmarinade anstatt mit Safran auch mit 1 EL Garam Masala (indische Gewürzmischung) pikant würzen. Wer keine frische süße Ananas bekommt, kann notfalls auch auf Ananasstücke (Dose oder Glas) zurückgreifen.

WÜRZSPIESSE
mit Folienkartoffeln

INTENSIVES AROMA DURCH UND DURCH – DIE WÜRZIGE MARINADE EIGNET SICH
FÜR ALLE FLEISCHSORTEN, OB SCHWEIN, HÄHNCHENBRUST, PUTE ODER STRAUSS.

Zutaten für 4 Portionen

100 ml Olivenöl

2 EL Kreuzkümmel

2 EL grob gemörserte Koriandersamen

1 EL edelsüßes Paprikapulver

½ TL Cayennepfeffer

½ TL Kurkuma

1 TL getr. Oregano

½ Bund glatte Petersilie

2 Knoblauchzehen

Saft von 1 Zitrone

800 g Schweinefilet

8 mittelgroße Kartoffeln

2 EL Olivenöl

Salz, Pfeffer aus der Mühle

8 Schaschlikspieße aus Holz

Zeitbedarf
- 30 Minuten +
  12 Stunden marinieren +
  40 Minuten grillen

So geht's

1. Das Olivenöl in einer beschichteten Pfanne erhitzen. Kreuzkümmel, Koriander, Paprika, Cayennepfeffer, Kurkuma und Oregano dazugeben und bei kleiner Hitze ca. 3 Minuten rühren. Die Pfanne beiseiteziehen und das Gewürzöl auf Zimmertemperatur abkühlen lassen.

2. Die Petersilie waschen, trocken schütteln, die Blättchen abzupfen und fein hacken. Die Knoblauchzehen abziehen und hacken. Das abgekühlte Gewürzöl mit Petersilie, Knoblauch und Zitronensaft verrühren.

3. Das Schweinefilet in gleich große, mundgerechte Stücke schneiden und in einer Schüssel mit der Gewürzmischung vermengen. Mit Folie abdecken und für ca. 12 Stunden oder über Nacht im Kühlschrank marinieren.

4. Die Kartoffeln unter fließendem kaltem Wasser gründlich bürsten, mit Küchenpapier trocken reiben. 8 Alufolienblätter mit Olivenöl bepinseln, je 1 Kartoffel darauflegen, mit Salz und Pfeffer würzen. Das restliche Olivenöl darüberträufeln und die Päckchen gut verschließen. Seitlich auf den heißen Grillrost legen und je nach Größe ca. 40 Minuten garen.

5. Die Holzspieße für mindestens 10 Minuten in kaltem Wasser einlegen (siehe Seite 145). Die marinierten Fleischstücke auf die Spieße stecken und auf eine Grillschale legen. Über dem heißen Grillrost unter mehrmaligem Drehen 5–6 Minuten grillen. Zwischendurch mit der Marinade bepinseln.

Dazu passt ein Mandelöl, das man aus 5 EL Olivenöl, dem Saft von 1 Zitrone sowie 2 EL fein gehackten Mandeln anrührt.

Die Varianten

Kartoffelspieße
800 g geschälte Kartoffeln in 2–3 cm große Würfel schneiden, in kochendem Salzwasser etwa 10 Minuten garen. Die halbgaren Kartoffelstücke abgießen und bei Zimmertemperatur gut abkühlen lassen. Auf Holzspieße stecken, mit dem Gewürzöl, wie im Rezept beschrieben, begießen, mit Folie abdecken und am besten über Nacht im Kühlschrank marinieren. Danach in eine Grillschale legen und unter mehrmaligem Wenden 10–15 Minuten grillen.
Die Spieße passen sehr gut zu gegrilltem Fleisch und Fisch.

Würzlachs vom Grill
4 Lachsfilets (à ca. 200 g) in das Gewürzöl einlegen und 2–3 Stunden im Kühlschrank marinieren. Jedes marinierte Lachsfilet einzeln in Alufolie packen, in eine Grillschale legen und auf dem heißen Grill 12–15 Minuten garen.

ASIA-SPIESSE
mit Erdnusssauce

DIE PIKANTE SAUCE AUS ERDNÜSSEN, CHILI UND INGWER IST TYPISCH FÜR DIE ASIATISCHE KÜCHE. SCHMECKT AUCH ZU GEMÜSE UND ANDEREM FLEISCH.

Zutaten für 4 Portionen

600 g Rindersteaks

1 Stück Ingwerwurzel (ca. 3 cm)

2 kleine, rote Chilischoten

½ Bund Koriandergrün oder Petersilie

1 TL Currypulver

3 EL dunkle Sojasauce

5 EL Erdnussöl

150 g ungesalzene, geschälte Erdnüsse

1 mittlere Zwiebel

1–2 Knoblauchzehen

4 EL Erdnusscreme (Glas)

200 ml Hühnerbrühe (Instant)

Salz, Pfeffer aus der Mühle

12 Holzspieße

Zeitbedarf
▪ 30 Minuten +
  1 Stunde marinieren +
  10 Minuten grillen

So geht's

1. Das Fleisch in dünne Scheibchen schneiden und zwar so, dass sie beim Aufspießen 2-mal durchstochen werden. Den Ingwer schälen und fein würfeln. Die Chilischoten waschen, entkernen und fein hacken.

2. Den Koriander waschen, trocken schütteln, die Blättchen abzupfen und fein hacken. Das Currypulver mit Sojasauce, 3 EL Erdnussöl und jeweils mit der halben Menge Ingwer, Koriander und Chili verrühren.

3. Das Würzöl in einer Schüssel mit den Händen in die Fleischstreifen massieren. Die Schüssel mit Folie abdecken und mindestens 1 Stunde in den Kühlschrank stellen.

4. In der Zwischenzeit die Erdnüsse grob zerstoßen. Dazu in ein Küchentuch wickeln und mit einem Fleischklopfer zerkleinern. Anschließend in einer beschichteten Pfanne ohne Fett 2–3 Minuten unter Schwenken rösten. Herausnehmen und auf einen Teller legen.

5. Die Zwiebel und Knoblauchzehen abziehen und hacken. In einer Pfanne 2 EL Erdnussöl erhitzen und darin Zwiebel und Knoblauch glasig dünsten. Restlichen Ingwer und Chili sowie die Erdnusscreme einrühren. Mit Brühe aufgießen, mit Salz und Pfeffer würzen, den restlichen Koriander und die Erdnüsse einrühren. Nochmals abschmecken und die Sauce in eine Sauciere füllen.

6. Die Marinade von den Fleischstreifen leicht abstreifen. Das Fleisch so auf die 12 Spieße stecken, dass jeder Fleischstreifen zweimal durchstochen wird. In eine Grillschale legen und über dem heißen Grillrost unter mehrmaligem Wenden 8–10 Minuten grillen.

Dazu passt Reis. Vorgekochten Reis mit etwas Knoblauchbutter auf 4 Blätter Alufolie verteilen, zu Päckchen verschließen und zum Erwärmen auf den Rand des Grills legen.

BROT & BUTTER
unentbehrliche Begleiter

AM BESTEN SCHMECKT'S SELBST GEMACHT: KNUSPRIGES BROT UND FEIN-WÜRZIGE BUTTERMISCHUNGEN SIND DIE IDEALE, AROMATISCHE ERGÄNZUNG ZU GEGRILLTEM.

KNOBLAUCHBAGUETTE

1 großes Baguette im Abstand von 2–3 cm quer ein- aber nicht durchschneiden. Eine passend große Alufolie mit 1 EL Olivenöl bestreichen. 3 Knoblauchzehen abziehen, durch eine Presse drücken und mit 100 g zimmerwarmer Butter, 2 EL gemischten, gehackten Kräutern sowie Salz und Pfeffer aus der Mühle verrühren. Die Knoblauchbutter mit einem Messer in die Broteinschnitte streichen. Die Alufolie rundherum fest verschließen und das Baguette unter mehrmaligem Wenden auf dem Grill 10 Minuten garen.

STOCKBROT

500 g Mehl mit 1 Päckchen Backpulver und ½ TL Salz vermischen und mit 80 g weicher Butter mit den Händen verkneten. Nach und nach 150 ml lauwarme Milch einarbeiten. Den Teig 15 Minuten ruhen lassen, dann in 15 Portionen teilen. Jede zu einer langen Rolle formen und spiralförmig um dünne Holzstöcke (ca. 35 cm lang) wickeln, die man zuvor mit etwas Öl eingerieben hat. Über der heißen Glut knusprig braun werden lassen. Danach vorsichtig (heiß!) von den Stöcken streifen.

BUTTERMISCHUNGEN

Selbst gemachte Würzbutter schmeckt nicht nur zu Brot, sondern gibt auch gegrilltem Fleisch, Fisch und Gemüse eine besondere Note. Einfach 250 g weiche Butter mit einer Gabel mit verschiedenen Würzzutaten gut vermengen. Als Strang auf Klarsichtfolie setzen, zu einer Rolle formen und im Kühlschrank fest werden lassen. Oder in kleine Förmchen füllen und die Oberfläche glatt streichen. Die Butter lässt sich auch sehr gut portionsweise einfrieren.

KNOBLAUCHBUTTER

4 durchgepresste Knoblauchzehen mit 250 g weicher Butter vermischen. 1 gewürfelte Schalotte, 1 TL Zitronensaft, Salz und Pfeffer aus der Mühle unterrühren.

GEWÜRZBUTTER

250 g weiche Butter mit 1 EL fein gehacktem frischem Ingwer cremig verrühren. Dann mit ¼ TL Kurkuma, ¼ TL gemahlenem Koriander, 1 Prise gemahlener Muskatblüte und mit Salz würzen.

TOMATENBUTTER

1 EL Tomatenmark und 1 EL gehacktes Basilikum mit 250 g weicher Butter verrühren. Mit Salz und buntem Pfeffer aus der Mühle würzen. Nach Belieben mit klein gewürfelten Tomatenstückchen servieren.

PAPRIKABUTTER

1 klein gewürfelte rote Paprikaschote und 1 EL Ajvar unter 250 g weiche Butter mischen. Mit etwas edelsüßem und rosenscharfem Paprikapulver, sowie mit Salz und Pfeffer aus der Mühle würzen.

ORANGEN-NUSS-BUTTER

Abgeriebene Schale und Saft von ½ Bio-Orange und 50 g klein gehackte Walnusskerne unter 250 g weiche Butter rühren. Zum Servieren kann man 50 g kross gebratene Speckwürfel darüberstreuen.

KRÄUTERBUTTER

1 Bund gemischte Kräuter (Schnittlauch, Petersilie, Dill) fein hacken und zusammen mit 1 gewürfelten Schalotte unter 250 g weiche Butter mischen. Mit ein paar Spritzern Worcestersauce, 1 TL Zitronensaft, Salz und Pfeffer aus der Mühle würzen.

Die Kräuter können ganz nach Geschmack und Saison variieren. Gut passen auch Basilikum oder Liebstöckel. Man kann auch nur Schnittlauch oder nur Petersilie verwenden.

ZITRONENBUTTER

Abgeriebene Schale und Saft von 1 Bio-Zitrone mit Salz und Pfeffer unter 250 g weiche Butter rühren. Nach Belieben mit frisch gehacktem Koriandergrün garnieren.

SÜSSE FRÜCHTE
vom Grill

WIE WÄR'S MIT EINEM GEGRILLTEN DESSERT? DIE HEISSEN FRÜCHTCHEN SIND WÄRMSTENS ZU EMPFEHLEN UND EIN ORIGINELLER SÜSSER ABSCHLUSS JEDER GRILLPARTY.

Zutaten für je 4 Portionen

4 große, säuerliche Äpfel

1 saftiger Pfirsich

50 g Mandelblättchen

2 EL Honig

1 Prise gem. Zimt

2 EL Butter

Alufolie

4 Bananen

1 TL Butter

Zimt

Zucker

etwas Borkenschokolade

4 Aprikosen

4 Marshmallows

etwas Butter

Zimt

besonderes Werkzeug
- Apfelausstecher

Zeitbedarf
- 35 Minuten +
  40 Minuten grillen

So geht's

1. Die Äpfel heiß waschen, trocknen und die Kerngehäuse mit einem Apfelausstecher entfernen. Die Äpfel quer in 1 cm dicke Scheiben schneiden. Den Pfirsich waschen, entkernen und das Fruchtfleisch in sehr dünne Spalten schneiden.

2. Die Mandelblättchen mit Honig und Zimt verrühren. Auf 4 große Blätter Alufolie in die Mitte etwas Butter streichen. Die Apfelscheiben mit Pfirsichspalten und jeweils etwas Mandelhonig wieder zu einem Apfel übereinanderschichten [→a].

3. Die zusammengesetzten Äpfel jeweils auf die Mitte der Alufolienblätter setzen, die restliche Butter in Flöckchen darübergeben. Die Folien nach oben verschließen und auf dem heißen Grill seitlich platzieren. Ca. 40 Minuten garen.

4. Die Bananen mit Schale in eine Grillschale legen und auf dem heißen Grill, unter mehrmaligem Wenden, 8–10 Minuten grillen, bis die Haut schwarz ist. Beim Servieren die Enden der Bananen abschneiden und die oberen Hälften der Schalen abziehen. Auf dem heißen Bananenfruchtfleisch jeweils 1 TL Butter schmelzen lassen, mit etwas Zucker und Zimt bestreuen. Wahlweise oder zusätzlich zerbröckelte Borkenschokolade darüberstreuen.

5. Die Aprikosen entkernen und mit je 1 Marshmallow füllen [→b]. Die Aprikosen danach mit 1 EL flüssiger Butter, gewürzt mit etwas Zimt, bepinseln. In Alufolie wickeln und für 3–5 Minuten auf den heißen Grill legen.

SO SCHMECKT'S AUCH Statt Pfirsichscheiben kann man auch Aprikosenspalten zwischen die Äpfel schichten. Oder die ganzen entkernten Äpfel füllen: Dafür 2 EL Rosinen mit 2 EL Orangensaft beträufeln. 50 g Mandelstifte mit 1 EL Honig und 1 Prise Zimt verrühren, die Rosinen untermengen und die ausgehöhlten Äpfel damit füllen.

DAS IST *wirklich* WICHTIG

[a] APFEL SCHICHTEN Da auch die Optik eine große Rolle spielt, den Apfel wieder schön zusammensetzen. Um die säuerliche Frucht geschmacklich abzurunden, dazwischen die süßen Mandeln und die Pfirsichspalten schichten.

[b] APRIKOSEN Ein interessanter Tausch: Die Aprikosenkerne werden durch Marshmallows, süßen Schaumzucker, ersetzt.

[b]

[a]

REZEPTREGISTER

THEMENREGISTER

KOSMOS.
Verführerische Vielfalt.

Regine Stroner | Selbst gemacht & mitgebracht
128 S., 59 Abb., €/D 14,95
ISBN 978-3-440-12130-6

Regine Stroner | Geschenke aus der Sommerküche
128 S., 71 Abb., €/D 14,95
ISBN 978-3-440-12335-5

Einfach köstlich

Ob raffinierte Marmeladen, würzige Chutneys, knusprige Plätzchen, feine Pralinen oder aromatische Gewürzmischungen: Süßes und Pikantes aus der eigenen Küche schmecken unvergleichlich gut. Und liebevoll verpackt sind die hausgemachten Köstlichkeiten aus den besten Zutaten der Saison auch begehrte und sehr persönliche Geschenke.

Geschenke aus der Küche

Ob Einladung zur Grillparty, zu Brunch, Picknick oder Sommerfest: Mit einem Geschenk aus der eigenen Küche kann man bei jeder Gelegenheit kulinarisch punkten. Denn die selbst gemachten Köstlichkeiten schmecken nicht nur unvergleichlich gut, sondern sind auch viel persönlicher und origineller als ein Blumenstrauß oder eine Flasche Wein.

Preisänderung vorbehalten

www.kosmos.de/essen_und_trinken

KOSMOS.

Frisch auf den Tisch.

Cornelia Schinharl
Biokisten Kochbuch
144 S., 118 Abb., €/D 14,95
ISBN 978-3-440-12248-8

Für jede Jahreszeit

Die Biokiste – Woche für Woche wartet sie frisch vom Produzenten auf
manchmal etwas ratlose Küchenakteure. Und auch auf dem Wochenmarkt
stößt man immer wieder auf unbekannte, fast vergessene Gemüsesorten.
Für jede Jahreszeit stellt die Autorin typische regionale Gemüsesorten vor
und zeigt abwechslungsreiche Rezepte, die zum Ausprobieren einladen.

Regionale und saisonale Rezepte für Sammler und Genießer:

AKTEURE

Rose Marie Donhauser ist Food- und Reisejournalistin, Restauranttesterin und sehr erfolgreiche Kochbuch-Autorin. Sie hat über 100 Bücher veröffentlicht, von denen mehrere Auszeichnungen erhielten, wie z. B. Silbermedaillen der Gastronomischen Akademie Deutschlands oder den Gourmand World Cookbook Award. Die gelernte Köchin, die in Berlin lebt und ihre kulinarische Erfahrung auch in Kochkursen weitergibt, ist dem Genuss immer auf der Spur. Unterwegs auf Gourmetreisen von Italien bis Bali holt sie sich viele Ideen und Anregungen.
www.donhauser-essklasse.de

Alexander Walter steht seit 20 Jahren als selbständiger Fotograf hinter der Kamera. Im Auftrag renommierter Verlage und internationaler Agenturen arbeitet er dabei vor allem in den Bereichen People, Stillife und Reportage. Der leidenschaftliche Gourmet und Hobbykoch war bei über 40 Fach- und Kochbüchern für die optische Umsetzung der Konzepte verantwortlich. Mit seiner Familie lebt und arbeitet er mitten im Grünen, im schönsten bayerischen Oberland.
Maria Gilg unterstützte das Fototeam bei der Produktion, immer gut gelaunt und mit viel Engagement und kreativen Ideen.

Sven Dittmann hat die Gerichte für dieses Buch verführerisch in Szene gesetzt. Der gelernte Koch, der 11 Jahre lang in renommierten Restaurants gearbeitet hat, lebt in Niederbayern und ist seit 2006 als freiberuflicher Foodstylist für Verlage und Werbeagenturen tätig.

Natascha Sanwald ist für Ausstattung und Requisiten verantwortlich. Seit vielen Jahren arbeitet sie als Stylistin für Wohn- und Einrichtungsmagazine.

Der Verlag dankt folgenden Unternehmen für die Unterstützung dieses Buchprojekts:

1260 GRAD, München, www.1260grad.de
Kustermann, München, www.kustermann.de
Radspieler, München, www.radspieler.de
Landparty, München,
www.landpartiemuenchen.com
Susanne Reichart Wohndesign „die 4 Jahreszeiten", Deisenhofen
Wood & Scherer, München,
www.taj-woodscherer.com

IMPRESSUM

Mit 131 Farbfotos von Alexander Walter

Umschlaggestaltung von
Gramisci Editorialdesign, München
unter Verwendung eines Fotos von
Alexander Walter

Rezepte, Geling-Tipps, Infos zum KOSMOS-Kochbuch-Programm und vieles mehr unter
www.kosmos.de/gut-gekocht

Unser gesamtes lieferbares Programm und viele weitere Informationen zu unseren Büchern, Spielen, Experimentierkästen, DVDs, Autoren und Aktivitäten finden Sie unter
www.kosmos.de

Gedruckt auf chlorfrei gebleichtem Papier

© 2011, Franckh-Kosmos Verlags-GmbH & Co. KG, Stuttgart
Alle Rechte vorbehalten

ISBN 978-3-440-12588-5

Projektleitung und Lektorat: Dr. Eva Eckstein
Gestaltungskonzept und Layout: Gramisci Editorialdesign, München
Satz: Cordula Schaaf, Grafik-Design, München
Produktion: Eva Schmidt
Printed in Germany / Imprimé en Allemagne